大学教育の可能性

教養教育・評価・実践

UNIVERSITY EDUCATION
: ITS INNOVATION AND FUTURE

寺﨑 昌男……………………………………著

東信堂

はじめに

日本の大学は揺れている。一八歳人口減、国立大学独立行政法人化、財政削減、規制緩和、重点育成策などの打ち続くプレッシャーのもとで、大きく再編成されている。しかし動揺や再編は、果たして言葉の真の意味での「改革」につながるのだろうか。改革は一体どこまで進み、何をめざすのか。

本書は、この問いをめぐって著者が数年間発表してきた論文や講演記録等を集成した論集である。『大学の自己変革とオートノミー』(一九九八年)、『大学教育の創造』(一九九九年、いずれも東信堂)に続く三冊目の時論集ということになる。

前の二著は、幸いに各地の大学で「再編成」「改革」に苦労しておられる教職員や、日本の大学のゆくえを考えておられる市民・学生の方々に読まれている。本書もまた、広く活用されるようになることを願っている。さまざまな機会に発表したものであるため、少なからず重複がある。しかし、臨場感を大切にしたいと考えたため、あえて大幅な手入れをしなかった。一編ずつを完結した論文として読み取っていただければ幸いである。

本書は、「Ⅰ 教養教育の課題」「Ⅱ 歴史の中で大学の今を考える」「Ⅲ 大学教育の現場から」という三部で構成してみた。

Ⅰ「教養教育の課題」の二本の講演の背景になったのは、一九九八年以降、各大学で求められるようになった大学教員自身による能力開発活動（FD）と、低年次学生諸君のための教養教育の実践である。一九九八年一〇月末、大学審議会答申（『21世紀の大学像と今後の改革方策について』）は、FD活動の重要性を強調し、それを努力義務化する必要を強調した。この提言自体に問題がないわけではない。本書でもⅡの6「アカデミック・フリーダム・FD・大学審議会答申」でそれを考察した。ただし大学教員が大学教育の課題や問題について学習研究する必要があることはもちろんである。著者はこの三年間、三〇校近い大学のFD企画に招かれて、大学問題に関する講演を行った。その中心のテーマは、教養教育カリキュラムの再生と創造に関するものである。Ⅰの1には、二〇〇二年一月日本大学で行った最新のものを収めた。九州大学の低年次教育プログラムに招かれて行ったⅠの2では、大勢の学生諸君が聴衆となってくれた。なお、この低年次教育プログラムは、二〇〇一年一一月に、第一回九州大学総長賞を受賞したという。

Ⅱ「歴史の中で大学の今を考える」に収めた諸論文は、日本近代大学史を専攻する著者の専門に最も近いものである。

総論、短大問題、学部制度についての論文を収めた〈1〉「改革課題」の三論文の背後には、少子化の嵐の中で定員割れの危機に直面している短期大学の可能性、スクラップ・アンド・ビルドの危機にさらされている学部の未来をどう見るか、といった切実な課題がある。

〈2〉「基準とアカデミック・フリーダム」に収めた論文の背後にあるのは、大学評価・学位授与機構の新設（二〇〇〇年）に象徴される「大学評価の新段階」の開始という事態である。「遠山プラン」と称されるトップ三〇大学の重点育成方針の発表（二〇〇一年）、それを改称した「COE（センター・オブ・エクセレンス）育成政策」の予算化など、事態はさらに進んでいるが、ここにはいわば警告的な意味を持つ論文を収めた。

〈3〉「大学文書館と大学史研究」の三論文で扱ったのは、一転して大学のアーカイブス（文書館）と年史編纂という事業に関わるテーマである。

現在の目まぐるしい再編動向と効率性を求める大学状況の中で最も重要なのは、大学の原点を確かめる実践的努力と知的活動である。右の論文の基調は、前に著した『大学の自己変革とオートノミー』の問題意識に直結している。

Ⅲ「大学教育の現場から」に収めた三論文は、一人の大学教師として教育に従事している著者の実践を記したものである。大学史を専門とする著者であるが、同時に教育学者の一人として「教育職員免許状」を取得したいと希望する学生達のために、教職教育に当たっている。ここに収めた三論文の基礎にあるのは、こうした著者の日常そのものであり、多くの未完成の部分を含むが、本書に収めることにした。なお、第三論文「大学の『学力』について」だけは、すでに二〇年以上前に発表したものであるが、学力問題が大学レベルを含めて大きな話題となっている今日、あえて収録した。

動揺と再編成の中で、大学は「改革」されているのか。はじめに掲げたこの問いに、今ここで答えることはできない。改革とは何かという問いを含んで、本当の答えを得るには、二一世紀の半ばまで位の時間が必要であろう。

ただし、はっきり言えることは、歴史の中で築かれてきた大学の本質への洞察に立つ、関係者の慧《さと》い知恵と正確な知識の重要さである。その知恵を自主的に育て、そして知識を共有していくことこそが課題である。前の二著以来続けてきたこの主張を、今後も繰り返したい。そしてこうした主張は、決して著者個人のものではなく、すべてを問い、問い続けることによって知を創造するという、それこそ大学社会が本来求められている営みそのものであると思う。本書が、この営みにささやかながら貢献できれば、この上の幸いはない。

なお、出版事情の厳しい中にもかかわらず、引き続き編集刊行を決断して下さった東信堂社長・下田勝司氏に厚く感謝したい。

二〇〇二年六月

寺﨑　昌男

大学教育の可能性――教養教育・評価・実践――／目次

大学教育の可能性——教養教育・評価・実践——

I

教養教育の課題

1 授業改革の方略と実践
——立教大学〈全カリ〉の経験を語る——

ご紹介いただきました寺﨑です。「研究会」ということでしたので、七、八人ぐらいの先生の前で報告するのだと思っていましたところ、若い方々も含めておおぜいお出でになって、少し慌てております。

東大勤務の末期には、大学院重点大学化ということで、教育学部をその方向に運んでいくために今国立学校財務センターにおられる天野郁夫さんたちとご一緒に大変苦労させられました。その後立教大学に移り、全学共通カリキュラム運営センターの責任者をさせられ、教養教育の設計という大役を仰せつかりました。やっとそれが終わった後、定年で、今おります桜美林大学大学院に移りました。

今何をしているかと言いますと、新宿サテライトキャンパス（新宿駅南口のビルの一フロアを借り切ってできたものです）で「大学アドミニストレーション専攻」という、大学の現職の職員の方達に週日の夕方と土曜日の全日を使って修士課程の授業をするというプログラムに、昨年の四月から参加しております。

この専攻は非常に人気がありまして、定員二〇人を予定していましたが二七人ぐらい受験者がいて、事前の照会は一五〇通も来ました。それで、結局一週に二日、新宿に通っています。この歳になると、夜の新宿週二日は、すごく大変で疲れますが、まだなんとかお役に立っています。

大学の当面の危機

私の教室には、大学関係の専門団体の職員もおられますから、逆にいろいろな事を教えてくれます。非常に勉強になります。

私は大学史の専攻者ですけれども、いつのまにか大学問題の専門家というようになってしまいました。つまり歴史家としては堕落の一途をたどっているかもしれません。しかし、自分ではやむをえないと居直っています。どうしてかと言いますと、今、日本の大学は、大変な危機にあるからです。専門頭脳の一〇や二〇が潰れても仕方がないのではないか、と思うぐらいです。私どもは非常に大きな転換期に立っていて、しかも、その転換期に個別大学が生き残っていくこと自体が大変になっています。

一番怖いと思う例の一つをあげたいと思います。一昨年(二〇〇〇年)の六月の終りの『週刊朝日』に「全国Fランク大学一覧」というのが載ったことをご記憶でしょうか。Fというのは、フリーパスの略だと言うのです。「受ければ受かる『Fランク』私大194校も」「全実名」と題されていました。私は気になって、すぐ駅の売店で買いました。一ページを使ってぎっしり大学名が記されているのです。もしや桜美林が載ってないだろうか、立教は載ってないだろうか。慌てて探したのですが、幸いその二校は載っていませんでした。

ところが、その中をよく調べてみますと、驚いたことに、あがるはずのない大学の名があがっているのです。金沢工業大学という金沢市の郊外にある工学部だけの単科大学です。地方にあって、単科、しかも私立というきわめて「弱い」立場の大学ですが、その大学は、非常にがんばって大学改革をやり教育を充実させていることで有名です。私どもは大学教育学会という学会をやっております。その学会では、いろいろな大学でこういう努力をやっている、といった実践報告が飛び交います。そうした場でも、金沢工業大学は大変有名で、学生の立場に立った大胆なカリキュラム構成をやっていて、学生達がどんなに生き生きと勉強しているのかという代表例に出てくる大学なのです。

ところが、それが『週刊朝日』の言うフリーパス大学の一つになっています。びっくりしました。ぜひ記事の元を知りたかった。それは河合塾の『二〇〇一年度入試難易予想ランキング表（速報版）』だとあります。そこにランキングが載っているらしい。すぐに手に入れてみました。その一覧表には、確かに全大学のAからEまでのランキングが載っている。ところどころに「F」があります。ところがこのFは、河合塾の説明では、決して「フリーパス」の略ではないのです。「ランクフリー」の略なのです。ランクフリーというのは、従来の難易度では測れない、例えばきわめてユニークな入試方法を取っていたりするから測れない、という意味であります。ランクフリーとフリーパスとでは、意味が全く違います。

さらに私は、その河合塾の速報で、一体金沢工大のどの学科が実際に全員合格になっているかと調べてみました。すると二五ある工業関係のコースのうち、たった二つだけが、全受験者が合格しているのです。二つのうち一つは一昨々年に作られた夜間課程の情報関係のコース、これは、たしかにフリーパスになるでしょう。そして、二番目は、他の一コースです。この二つだけが『週刊朝日』の言うところの、受ければ受かるコースで、あとはそんなことはない。私は、本当に寒気がしました。なるほど、こういうふうにしてインフォメーションが作られていくのかと。

私は、この目で確かめたいと思って、去年（二〇〇一年）の九月に、金沢工大に行ってまいりました。夜の新宿のコースの院生である現職職員の一人が金沢工大の職員です。頼むからぜひ学校を見せてほしい、と言いまして、一〇人ばかりの現職者院生を連れて、行ってまいりました。

すると驚いたことに、連休初日の午後でしたのに、玄関には「見学の方はどうぞこちらの窓口にお寄り下さい」という大きな看板が出ています。つまり三々五々、いろいろな人が見学に来るのを迎える職員の体制ができているのです。また驚いたことに、連休初日の午後であったにもかかわらず、図書館は、学生で満杯なのです。休日とは思えないぐらい、学生達は勉強している。別のところに行きますと、「夢考房」という名のラボラトリーがありまして、一つの建物の全体が、学生達が自由に作業が出来る場所なのです。

行ってみると、試作品のソーラーカーの前後に、五、六人ぐらいの男子学生が作業着姿で取りついて、一生懸命整備している。その裏の部屋に行ってみると、設計机がズラーと置いてあって、そこでもまた、数グループの学生達が、一生懸命に議論している。聞いてみると、幾つかの学内プロジェクトを学生から申請を受け、これと思うものには大学から助成金を出して、夢考房を自由に使っていい。秋にはソーラーカーの全国大会があるので、学生達はがんばっているのです、そういう話でした。図書館も大変設備が良く、自分で学ぼうと思う学生のためには、ビデオ設備であろうが、検索設備であろうが、本の取り出しであろうが、全部自分でやればできるようになっている。

私どもは、一泊二日でじっくり学内を見せていただき、工学教育の責任者、職員の代表の方や理事など、いろいろな方にお会いして、びっくりして帰ってまいりました。「自分で学ぶ」という意欲をこれほど大学が奨励している例は、他にはほとんどないと思います。ちなみに、科学研究費の獲得額ものすごく高くて、工学系では全国最上位の一つだと聞きました。先生方の研究も大学が奨励しているのです。

そんな大学が「フリーパス大学」と銘打たれたりしたら、本当に怖い。これから数年の間、大学にちょっと問題があると、それが虚実取り混ぜてマスメディアに載り、加速度的に大学全体のレピュテーション(評判)を落していく。これが最も怖いことです。虚報であっても、良い噂なら、逆に評判は上昇するかもしれない。つまり、人々と大学の間にマスメディアが重要な役割を果たしているだけに、それによって、我々の大学イメージが左右されるのです。

この前、河合塾の指導者である丹羽健夫氏が、本を出されました。『悪問だらけの大学入試』(集英社新書)です。すぐ買って読みました。その中に書いてありました。週刊誌の記者達は誤解をしたようである。自分達は、ランクフリーという形で、別の入試のカテゴリーに入る大学を選んだのであって、重要なのは入学後に面倒見のよい大学なのだ、と書いて、わざわざ「北陸のある工科の単科大学」すなわち金沢工大のことを一パラグラフを割いて説明してありました。しかし時すでに遅しの感もあります。

私の周りの大学問題に詳しい人達は、「大学の先生方は二〇〇九年問題とおっしゃっていますね。大学全入時代が二〇〇九年だからでしょう。でもそんな時期は問題じゃない。勝負がつくのは、二〇〇四年から五年の間です」と言うのです。「勝負がつくというのはどういうことですか」と聞きましたら、「勝ち組と負け組がそのころまでに決まる、後は、潰れる大学が続出するのです」と申します。一番厳しい予測では、六六九校ある四年制大学のうち二〇〇校は潰れることを文部科学省は覚悟しているという憶測さえ囁かれています。短大は五六〇ぐらいあるけれど、うち三〇〇は潰れる、それも全部折り込み済みだというのが、一部の人達が信じている噂であります。あり得ることだと、私も思います。二重三重に怖い状態の中に今、大学があるのだ、とつくづく思います。

大学政策——五層の枠組み

次に指摘しておきたいのは、大学に押し寄せている政策が、現在、きわめて多層化しているという事実です。

昔は、簡単でした。文部省（現文部科学省、以下本書ではこの種の注記を略する）はこういうことを考えている、たとえば管理運営制度を改革しようと考えている、では批判し反対すればいいじゃないか。その程度のことでした。今は、そうではありません。

政策の「層」を古いほうから言いますと、第一に、今でも生きているのが大学審議会の答申です。一九九八年一〇月のものです。

大学教育の目的は、課題探求能力の育成だ、と書いてありました。私はすぐ日経新聞に批評を書きましたので、よく覚えています。そこだけを取ると悪くない。しかし、もう少し中身を読みますと、大学は授業設計をきちんとしろと、そして、さらに成績評価を厳格化しろと書いてあります。結局のところ何を言おうとしているかと言うと、大学教育の出口管理をきちんとしろという要求です。教養教育をきちんとしろという要求と、それから出口管理をきちんとして若者を送り出せという、この二つは、いずれも、経済団体の要求と全く同じです。そういう大学審議会の答申が、まずあります。これは今でもずっと生きて続いています。

二番目は、国立大学の独立行政法人化であります。確実に実現すると思われます。学校によっては民営化すらできる。国立大学も、これからは私学と鎬《しのぎ》を削って、内部の合理化を図っていかざるをえないでしょう。そして相互の間で厳しい、今とは違う形のランキングがついていくはずです。

さて第三に、その行政法人化に国立大学協会がほぼ賛成し、異議なしとなったあたりでぱっと発表されたのが、例の「遠山プラン」です。全国の大学を、様々な角度から評価して、そのトップ三〇をグローバルなスタンダードにまで高める。重点的に引き上げる。この方針はもう予算化されています。今年、一八〇数億円が、トップ三〇に対して注ぎ込まれるということです。「たいしたことはない」と言えば言えます。一八〇〇億円ならともかく、一八〇数億円を三〇校で分けますと、五〜六億円ずつぐらいでしょう。プロジェクトとしては、たいしたことにならないのですが、しかし、これは、行政的に言えば「芽が出ている」と言えます。今後、増額されていくでしょう。グローバライゼーションという名の大学選別が進むということです。

四番目は、規制緩和です。これが、一番私学に影響するものです。学科を作るのに文部省の認可などはいらない、届け出ればいい、どんどん作りなさい、大学の入学定員の縛りも外そう、また、福祉と医療と大学、この三つを株式会社化するということはできないか。最後の点は、小泉首相の大変強い意向であると、読売新聞や日経新聞は伝えています。そうなってくると、もういよいよ競争の時代で、どこからも助けは来ない。破産するならしなさいという話になってきます。

工場等規制法の対象から大学が外れました。ということは、郊外に行かなくてもいい。東京都内に大学は建てられないというのが常識だったのですが、そんなことはもうなくなりました。学生一人当たりのグラウンドの坪数や、校舎の大きさが決まっていたのですが、それも撤廃が決まっているのです。そうなってくると、ターミナル駅のそばにも全面ビルのキャンパスをいくらでも建ててよい。その上、学生の入学定員数も自由、いくら集めてもいい、となってくれば、大学の様子は、みるみる変わって行きます。郊外にある小さな私立大学などが一番潰れる可能性があります。それも競争原理の一つなのだ、という話になります。

さて最後は、WTOとの関係です。初めは気づきませんでした。私の周りの方が教えてくれました。WTOの対象に教育、特に高等教育が入っています。あれは、貿易を自由化していく話です。ですからたとえば外国の大学が日本に日本校を作るとき、全く自由に作れるようになるかもしれない。そのときに変な規制をするなという話になってきます。文部省は、新聞の伝えるところによると、たった一つだけ制限を設けています。学校法人でないと外国の資本は日本に大学を作れない。今のところこれだけが制限らしいです。しかしそれは非常に不当な制約で、外した方がいいのではないかということで、今揉めているようで、最終答申案の中には書いてありません。また資格の自由化もテーブルに乗っています。全世界の大学・学校で何の資格でも取得ないし通用するようになってくるかもしれない。たとえば外国に行って教員免許をとっても構わないし、逆に日本でとった教員免許状を外国で使えるようになる。いわゆるグローバライゼイションが、目の前にやってきているということです。そういうことに対して、我々が、無防備、無関心、無知であっていいのかということを、改めて声を大にして申し上げたいという気がしております。

大学評価の新段階

次は、大学評価の問題です。大学の評価は、新しいステージに入ってきております。このことを考える前に、私どもは、大学評価を分けて考えていく必要があると思います。

第一は、社会的評価です。先ほどの『週刊朝日』の記事のようなものも一例です。いろいろなところで、大学は恐ろしく厳しい社会的評価にさらされているわけです。評価の主体は、企業であることもあり、国民一般であることもある。受験生の親であったり、いやまさに、学生諸君そのものであったりします。『日本の大学』(東洋経済新報社)とか『大学ランキング』(朝日新聞社)といった刊行物も、決して軽視してはいけないと私は思っております。あれに論文を書いても学界では誰も読んでくれませんが、実は、重大な情報がたくさん盛られており、同時に社会的な評価が現れてくる。そして結構、当たっていると思います。

第二は、行政的評価です。今まで大学設置・学校法人審議会の大学設置分科会というところがやってきました。しかしその基準である大学設置基準があまり画一的すぎるので、一九九一年に大綱化されたのです。今は、さらに緩和されつつあります。

第三は、自己評価です。これは今、努力義務だということになり、どの大学でもしなくてはいけないということで、私も桜美林大学自己点検評価委員会委員長をさせられています。来年の春で定年ですから、報告書を作って辞める、ということになっております。

第四は、相互評価です。これは財団法人大学基準協会というところがやっています。大学が相互に評価する、アメリカ型のアクレディテーションという名の評価です。

それから、第五に外部評価です。多くの国立大学が今、一生懸命実行しています。私は、一昨年から去年にかけて、七つの国立大学・学部に呼ばれました。そこに行って、あるいは、あらかじめ自己点検評価報告書を送ってもらって、その大学の自己評価をよく読んで、その自己評価が妥当であるか、実態に合っているか、もっと良い自己評価の方法がないか、などということについて評価するものです。地元の新聞社の社長や商工会議所の会長とかも頼まれており、私のような学識経験者も呼ばれて行きます。それが外部評価です。今は私学にも広まっております。私が関係しただけでも早稲田大学の法学部、慶応義塾の文学部などがあります。そういうところが次々に外部評価を頼んで、少しでも良くしようと、努力しておられます。

最後は、大学評価・学位授与機構という文部省の作った機関が始めている第三者評価と言われるものです。専門家の先生方に委嘱して、各国立大学がやろうとしている研究や教育の趣旨が実現されているかどうかを、評価する作業です。つまり自主性を重んじた評価だということになっています。

しかしそんなに純枠かつ単純には行かない、と思われます。これは、いずれ資源配分に結びつく。結局のところ、財政配分をどう傾斜させていくのかということに、帰結すると思います。すなわち資源配分と密着した評価が、今後いよいよ強くなっていくでしょう。さっき申しました大学審議会答申は、この大学評価機構が行う第三者評価というのを、強く勧めました。とくに国民に対するアカウンタビリティーを保証するために必要である、ということを書いております。それがものの見事に実現したわけですが、やがて、これは私学にも及ぶのではあるまいかと思います。今は、原則として国立大学だけが対象となっていますけれど、そんな範囲ではおさまらない、と思います。私学の中から「うちは自信がある。本校も一緒に評価してくれ。どうせ国立だって法人化されるなら立場は同じだ」という大学が出てこないとも限りません。そんなところにうちの大学は入らない、と言っても、そうはいかないような時代がくるのではないか。言葉を換えると、大学予算や私学助成といった財政資源に直結した、最も強力な行政的評価がもう一つ増え、それが大学総体を覆うという段階になっているのではないかと思われるのです（本書II－〈2〉参照）。

このように、大学は、みずから、外から、上からというように多方向からの評価の波の中に放り出されています。大学人がぐずぐずしたり、見解や見識を持っていないと、どこへ、どう流れていくか分からない。それが実態だとつくづく思います。私がとくにそんなことを強く考えるのは、立教にいたときの経験が大きかったと思いますが、同時に、桜美林大学という一番デリケートな、ひょっとしたら「負け組」になるかもしれないというギリギリの大学にいるからであるとも思います。本当に、入学定員一、五〇〇人の規模、レベルが一番危ないと言われます。

研究者生涯の最後に、思わざる経験をさせてもらっています。大学史研究も、無駄ではなかった。いろいろな問題や課題が、歴史の相を通して見えるのは、やはり、大学史をやっていたからだと思います。大学人は、聡く深く危機感を共有していく必要に迫られています。管理職者や理事だけに任せてはおけないのではないでしょうか。

カリキュラム改革は授業を変える

立教大学時代のことに話を移したいと思います。

本日は「大学の授業改革の方略と実践」という、私には全く初めてのテーマを掲げました。

先ず申し上げておきたいのは、「授業を変えていく」というのは、大学の社会的評価を支える大事な柱だということです。あの大学は、入ってから学生が伸びたか。あるいは、後輩達にこの大学を勧めたいか。高校の進路指導の先生達は、生徒にこの大学に進学することを勧めたいか。そういう話になってきています。何が問われているかと言うと、入口と出口の間のプロセスが問われているのです。このプロセスとは、内容的に言えば大学教育の質というものです。その質を良くしていくことこそ、今や各大学が自校を防衛していく最大の拠点となっているのです。ですから授業をまず変えていかなくてはいけないのですが、経験から私が言いたかったのは、そこを変えていく手がかりはカリキュラム改革ではないかという点です。

すなわち、一時限ごとの、ある教室の授業の仕方を変えていくことから始めようとしても、なかなか着手できない。そうではなくて、カリキュラムというものを変える。それを変える努力をする中で、授業の仕方、授業実践が実は変わっていく。この筋を、私達は意識しておくべきだと思うのです。それが大学というものの持つべき、一つの見識ではないでしょうか。

そういう観点から、立教大学にいたころに参加しました全学共通カリキュラム〈全カリ〉づくりについて紹介いたします。

一冊の本を去年作りました。『立教大学〈全カリ〉のすべて』（東信堂、二〇〇一年）というドキュメントです。教職員の方達一〇人ばかりとご一緒に、どうやって自分達はカリキュラム改革を行ったかに関わるドキュメントをまとめたもので、広く読まれているそうです。やはり、参考にされる大学が多いのでしょう。そこに記したところの要点に沿い、また私自身が勉強したことを、まずお伝えしたいと思います。〝カリキュラムの変革が授業の変革を促す〟というテーゼがお分かりいただけるのではないかと思います。

私どもは、立教のカリキュラムを変えるとき、他の大学と同じように、まず血を流しました。立教には、四〇年あまり続いてきた、国立大学の教養部に当たる「一般教育部」という部局があったのです。私学には珍しく、戦後すぐから一般教育部を立ち上げ、そこに集った優秀な先生方が、一般教育をがんばって守ってこられました。いわゆる三分野と言われる人文・社会・自然の各分野と、語学、それから保健体育、これらを責任を持って管理してこられた。ところが、時代が経つうちに問題も起きてきていたのです。

私が立教に行きました一九九二年には、その一般教育部は解散すると決まっていました。どうしたらいいか。外国語学部にしたらどうか、国際学部にしたらどうか、いや文化表象学部ではどうかといったいろいろな議論が、起きていたのです。前提は、一般教育部をやめるということでした。しかし、ここを廃止したら、誰が教養教育をやるのか。その頃までに提案されていたのが、センターを新しく作るということでした。「立教大学全学共通カリキュラム運営センター」、これを全く新しく作るという意見書ができていました。新任の私も早速読まされまして、「教養部をなくして、その後に全学からなる全学共通カリキュラム運営センターなどというのを作って、誰が一体そんなところの責任者になるのだろう」と漠然と思ったのを憶えています。まさか二年後に、発足時のキャップになるなどと、思いもよりませんでした。

要するに、血を流す覚悟で進んでいたのです。

その後どうなったかと言いますと、立教大学全学共通カリキュラム運営センターが本当にできました。一九九四年の一二月一日でした。なぜ月日も覚えているかというと、私への辞令が出た日だからです。部屋には教員は私一人、他に職員の人が一人、合計二人しかおりませんでした。センターと言ってもまだ組織もできていませんでした。しかしすでに承認されていた規程にもとづいてだんだん作っていきました。傍らでは、四カ月後の一九九五年三月に、一般教育部は正式に解散いたしました。ただし先生方はすぐに各学部に移るわけにはいかないから、保健体育、語学の先生方だけはしばらく分属しないで残られました。外からは国鉄の再建事業団だとか、いろいろ批評されたのですが、「立教大学大学教育研究部」という名でその後二年間続きました。その間に全学共通カリキュラム運営センターは組織化を終わりました。結局、運営センターを足場に、各学部の先生方との協力を得ながらカリキュラムを作っていくというのが、以後二年間の私どもの仕事でした。結果は一九九七年の四月から、全学共通カリキュラム完全実施が始まったのです。そこへ持っていく間までに、まことにいろいろなことを学ばされました。

外国語教育改革というアポリア（難問）

一番学ばされたのは、語学教育の問題点でした。語学教育の非効率が、大学にとってどれほど大きな癌になっているか、どれほど深刻な病いを生んでいるかということが、だんだん分かってきました。

もともと、一般教育部をやめてしまいましょう、お互い、もう少し明るい、風通しの良い組織を作りましょう、と一番戦闘的な主張をなさっていた方達は、語学の先生方だったのです。それも英語の先生方の一部が、立教の英語教育は全然駄目だ、と言い出されたのです。その方達は、立教で行われているのは、「英語の時間」というものであって「英語の教育」ではない、と主張されていました。英語教育は、もっと違うものであるべきだと。

第二に、保健体育の先生方は、違う意味で、危機感を持っておられました。なぜかと言いますと、九一年の大綱化で、大学の中に全学必修科目を置かなくてもよろしいということになったからです。保健体育科目を必修として置かなくてもよろしい。保健体育の先生方は十数人いらっしゃいましたけれど、全員「私が辞めた後、ポストが続くかどうかわからない」と思っておられました。ですから、一部の先生は「絶対に必修から外してもらっては困る。体育理論と実技の必修制度、これだけは全学共通カリキュラムになっても続けて欲しい」と最後の最後までこだわられました。しかし、全学必修科目は設けないという大学全体の早くからの方針がありましたので、全学共通必修から外れました。結局、保健体育の先生方は、拠り所であった一般教育部がなくなる際には、自分達で新しい授業を作っていかなければ学内で生き残る道はない、とお考えになったようです。この方達の一部はセンターに入ってこられました。まだ若い先生方だったのですが、センター運営の心強い味方になりました。

こうした半ばクーデターに近いような格好で新しい教養教育を作っていくというのが、私どもの仕事になったのです。

語学の話に戻ります。次第に私にも分かってきたのですが、なにせ英米文学研究というのは、立教の花形の分野でしたから、英語の先生もすごく人数が多かったのです。最盛期には一般教育部の先生方だけでも、二十数人おられました。他に文学部英米文学科があって、こちらは、もちろん博士課程まであって、一〇〇人近い非常勤を抱えておられる、そういう分野です。

ところが、先生方同士で英語の授業を相談して決めて運営しておられるかというと、そんなことは全くなかったらしい。テキストも勝手に選んでおられる、それもだんだん聞いてみると、私は、ホーソンの専門家です、私は、ミルトンです、中世英語です、私は、フォークナーです、というように、ご専門に沿って、適当に選んでいらっしゃる。評価はまちまちで、誰も他人に口出しはしない。学生の方は二年間にわたって一週間に二回ずつ受ける。累計四単位です。要するに一年から二年までの間にわたってずっと英語があるわけです。中身はほとんどが読解、解釈、要するに英文和訳です。それが、バラバラのテキストで行われている。

加えて、聞いてみてびっくりしましたが、一年生のかなりの人数が再履修者になる。私は、再履修者というのは、がんばった挙句に試験に落ちた学生だと思っていました。そうではない。初めから、やる気がない。出席していればいいだろうと過ごしているのですけれど、多くは出席すら足りない。それで二年生で再履修クラスに回されるわけです。そうすると先生方は、もう一度二年生のクラスを持たなくてはいけない。「何人ぐらいですか」と聞くと、「一一〇人ぐらいですね」と言われる。一一〇人の教室でやる語学教育など、想像しただけでも形骸化が見えてきます。しかし英語は必修科目だから通さないと学部に行けない。学部に行かせるためには、どんなに悪くてもCなどつけて、出してしまう。そうすると、受け取った学部の先生方、たとえば経済学部や法学部の先生方は、さてゼミをやろうとしても英語のエの字も読めない学生を多数迎えることになるわけです。そんな状態だということが、よく分かりました。

その他、問題はきりがありません。ともかくも、日本における大学の外国語教育がいかにウィークポイントであるか、内情を知って身にしみて分かりました。

ここを変えなくてはいけない。ドイツ語教育もフランス語教育も同じでした。いや、それらの先生達に至っては、ある意味では、もっとお気の毒です。正確に言うと、気の毒な面と良い面とがあるのです。

良い面は何かというと、「初習外国語の新鮮さ」です。大学に入って来た学生が、はじめて学ぶ言語ですから、面白い。英語は嫌だったけれども、中国語かドイツ語かフランス語なら、新しいからやってみようかな、ぐらいは思っていて、その点は英語と違うらしいのです。擦り切れてしまって「もう嫌だ」と思っている者とこれからやろうとしている者とでは違う。それで、がんばってやってみる意欲がある場合がある。

ですが、お気の毒な面というのは、たとえば中国語人気の影響です。中国語の履修希望者は近年ぐんぐん上がって来ています。ところが、これがよく見ると、一般教育部の中に、中国語の先生は一人しかおられない。もう一つ、毎年伸びてきたのが、スペイン語でした。これも、たったお一人でした。計二人だけが、特殊言語とかいう研究室を共用されていたのです。その二人が、それぞれ一人で、十何人もの非常勤の先生を、一人で頼みこんでかき集めて、学生に提供しておられたのです。十数年間、他の語学の先生のポストは一人たりともそこには回っていなかった。他の学部からも口出しはできなかった、ということが、だんだん分かってきました。こういう状態の中で、結果においてドイツ語やフランス語の先生は被害を受けるわけです。

非常勤が十数人いても、中国語履修希望の一年生をすべて受け入れるわけにはいきません。どうやって選ぶか。一時期は、早いもの順、受けつけ順で登録することにしていたそうです。すると朝三時から学生が並ぶ。女子学生もいるのに真っ暗な中で並びますから、これは駄目だということになりまして、抽選にした。するとくじ運の悪い学生は、外れるわけです。そして、ふくれっ面でたとえばドイツ語に行く。初めから「私はここに来たくなかったんです」という顔がずらっと並ぶ。ドイツ語の先生はその中で開講するということになる。嫌だったそうです。四年間の教育の最初の開幕がそれだったのです。そういう局面に学生諸君と先生方を追いこんでいたのだ、ということが分かりました。

誰しも大学を出た者は外国語の一つぐらい何とかなると思っていますけれど、実際はそうではないということが、嫌というほど分かりました。「君が一番英語の強かったのはいつだったの」と聞きますと、「受験のあくる日の朝でした」と言います。後は、四年間忘れ放題で過ごすということになる。この点を変えていくということを、始めたのです。

改革の結果

結果は、どうなったか。試行錯誤の挙句、英語、ドイツ語、フランス語その他もすべて改革されました。英語に限って申しますと、三〇人学級が実現しました。三〇〇〇人以上入学者が来ますから、三〇人学級を作りますと、一〇〇教室以上がいります。しかしがんばって確保しました。多くても三五人というクラス編成を実現しました。二番目は、一年生の時に英語の授業を全部集中させる。ですから、学生から見ると、一週間のうち四時間英語がある。その他に、二時間ないしは三時間、第二外国語であるドイツ語やフランス語がある。それも全部一年次に集中するという方針を取りました。さらに勉強したい者は、また二年次でがんばりなさい。二年生になってもっと英語をやりたいという人には、そのためのコースを作ったのです。

語学教育の体制は一変致しました。英語ですと四時間ある授業を一人の先生がやるのではなくて、二人の先生が持つ。すなわちペア・ティーチャー制度を採用しました。一人の先生が二回学生の前に、顔を現わす。これをやると学生の進度が読め、非常に良い。しかしこの制度ですと多数の教員が必要です。既存教員では足りません。でも非常勤で週二回来てくれる方はほとんどいませんから、「嘱託講師」という制度を作りました。反対も多かったのですが、あえて、非常勤でもない、専任でもない制度を作りました。この先生達にも十分な手当てをする。その代わり最大限五年間の契約で、一年ごとに契約を更新するということをやって、今、嘱託講師は、全語学にわたって三二人ぐらいに増えました。私が辞めた時は一三人でしたが、今、その方達は非常に良い働きを言語教育に関して果たしてくださっていますし、途中で他大学の専任教員になられた方も、数名おられます。非常勤講師よりずっといい経歴になるのです。

次に、学生達のクラス分けは、学部や学科に関係ないものにし、さらに、徹底した習熟度別にしました。習熟度調査は恐らく今も入学式の直後にやっていると思います。

学生は、コミュニカティブというコースと、それからリテラリー、今は言語文化というコースを取ることができます。すなわち、言語文化というコースとコミュニカティブという二つのコースがあって、学生は、希望のコースに登録することができます。

文学部、経済学部、理学部、社会学部、法学部に行く学生は、一年次の前期に言語文化コースを取りたいと思ったら、そこへ登録するわけです。コミュニカティブコースでは、インタラクティブ、ワールドイングリッシュ、リスニング、リーディング、ライティングなどがありますけれど、このどこに行くかを、習熟度別に分けて、学生を割り当てるのです。ですから、同じぐらいのレベルの学生クラスの中にいることができる。こういうシステムにいたしました。学生は、入学式の直後から、どこかの語学のクラスに入って、語学をガンガンやれるということで、一年生は、語学に結局六ないし七時間ぐらいは費やすということになりました。集中的にやるほうがいいという方針でしたので、集中的なカリキュラムを組みました。一年次の前期・後期を終わって英語をもっとやりたいという学生が必ず出てきます。それは、二年生でもっと高いアドヴァンスのコースを用意してあります。これも今、大変繁盛しているそうです。

こういうことをやっていきますと、先生の教え方がまず変わってくるのです。共通テキストが選定されるようになりました。共通テキストを自分達でもお作りになられました。立教イングリッシュというような、数年前『ユニバース・オブ・イングリッシュ』というテキストが東大から出て評判になりましたが、あれと似たようなテキストの学内版が出たのです。また成績評価をお互いに話し合い、一斉に評価をする、ということになりました。これで不当な評価にブツブツ言う学生もいなくなりました。ドイツ語やフランス語も同じことで、コミュニカティブコースをちゃんと作りました。そこへ行くと、ドイツ語の会話も出来るようになる。非常に大きい変化が生まれたのです。

最近うれしい数字があります。学生部が作った『立教大学　大学環境調査報告』という調査ですが、学生の意見を聞いています。三〇年以上続いている長期の調査です。この中で初めて全カリの言語教育に関する学生諸君の意見が出てまいりました。百以上の質問をイエス、ノーで答えていく調査方法で、たとえば「この大学では、授業よりもアルバイトやクラブ活動を優先させる学生が多い」という項目には、相当イエスが多いです。学生の一面を反映しています。

しかし「この大学の言語（英語）教育は、充実している」という文にイエスと答えた者の数は、全学年平均で実に五七％です。さらに一年生だけを取ると、六六％の者がイエスと答えています。全学共通カリキュラム実施前年の一九九六年の調査では「イエス」はわずか二三％でした。ものすごく上がったのです。この大学の英語教育は良いということが、学生諸君には分かるのです。本当に力を入れて勉強している。もう一つ「この大学は、英語を除く他の言語教育も充実している」という問いにも、一年生だけを取りますと五五％がイエスと答えている。四年前は二六％でした。改革は学生諸君に非常に良く分かったのです。うれしい数字でした。

総合的科目をつくる

他方、「総合的な科目」という課程も作りました。「思想・文化」「歴史・社会」「芸術・文学」「環境・人間」「生命・物質・宇宙」「数理」という六分野、六カテゴリーを作りました。人文、自然、社会の三分野をくくられていたものを、内容に即して、六つに分けました。「数理」などというカテゴリーがきちんと置けるのは、理学部があるからでした。また、さすがにミッションスクールですから、キリスト教関係の先生が多く、その科目がたくさん並んでおります。「歴史・社会」は、人文科学系の強い大学ですから、逆にあまり多くありません。「環境・人間」には、多くの体育関係の先生方が加わっておられます。「生命・物質・宇宙」は、キリスト教学や理学の先生方が、大変力を入れておられます。

私がとくにうれしいのは、Rとか、Tとかという印のついた科目があることです。これは、先生方が毎年、改善して作っておられる新分類なのです。Rというのは、立教科目だというのだそうです。立教にふさわしい科目、たとえば、「思想・文化」のR科目には、「人権思想の根源」「日本文化の周縁」というのがあると同時に「大学とミッション」「日本の大学・世界の大学」といった科目が二単位で置いてあります。学生は、ここにも多く登録するそうです。大学問題に関して、ひょっとしたら先生方よりも学生の方が敏感なのかもしれません。それから、「歴史・社会」のところには「在日外国人と日本社会」「生活の中のジェンダー」というのに続いて、「立教大学歴史」が開かれています。こういうのも置かれるようになったのです。

RとかTというのは、「自由な科目」と称されていて、何でも置いてよい、一発、半年間、講義してみようかと思う先生が申し出たり頼まれたりするそうですが、「どうぞやってください」と決まると、直ぐカリキュラムに組み込まれる。「紛争地の人権」「市民による自治」、などは政治学の先生がやっておられるのでしょう。それから「証券市場と日本経済」「ネット時代の文化と法」「少年法の現在」などもあります。英語でやる先生は、英語で科目を出しておられます。

こういうエネルギーは、かつての三分野の時代には、まず考えられないことでした。これが、毎年毎年、広がっていく、言葉を変えれば、カリキュラムが絶えざるイノベーション(改善)を伴って展開しているというのが、何よりもうれしいことです。

こういうカリキュラムが出来上がるまでは、血反吐が出るほどつらい時期もありました。今は、もう誰がセンター長をやっても大丈夫というようになりました。今は社会学部の教授がセンター長をしておられるのですけれど、この前会ったときに「寺﨑先生、誰でもやれる全カリ部長、これを合言葉にします」とおっしゃっていました。そうなったら万全です。自分で転がって行くのです。

総合講義の試み

学生諸君が一番関心を持ったのは、総合B群という科目群でした。いわば、カリキュラムの「売り」の部分でした。数人の先生で担当される科目です。たとえば「生命の思想」だったら三人の先生、「平和学から見た環境問題」だったら七人の先生、「科学的真理とは」というのはさらに多くの先生方が担当しておられます。「生命の思想」は文学部が担当している科目、「平和学……」は、おそらく社会学の先生が担当しておられる科目、そして「科学的真理とは何だろうか」は理論物理学の先生が中心になって、理学部が担当しておられるのでしょう。初めからこういう複数教員担当の科目を必ず置くことになっていました。

カリキュラムを作っている頃、実は先生方が果たしてこうした複数教員担当の総合科目を展開してくださるだろうか、それが一番心配でした。大変な負担でしょう。自分の学部でだけ教えていればいいものを、また、今までなら一般教育部に任せておけばよかったものを、誰かがやらなければいけなくなった。無理して担当してもらわなくてはなりません。この一群の科目を準備するのはきついことでした。

隘路を打開するために、いろいろな手だてを講じました。後でも申しますが、要するに、総長に動いてもらい、金をもらいました。カリキュラム改革が、タダでできるなどと思ったら、大間違いで、怠けている先生達に持たせればいいだろう、といったものではありません。「カリキュラム改革には金が要る」と叫びたいのです。センターの私どもが獲得したのは非常勤講師のコマでした。「学部でこの総合科目のどれかを担当してくださるのでしたら、その年度半年間、非常勤講師のコマ最大限三コマをお使いください」。こう言えるようにしてもらったのです。「これまで実は非常勤講師のコマこそ欲しかった」と言って、多くの学部がすぐ協力を申し出てくださいました。

先ほど申しました「カリキュラム改革が教育方法をも変える」というのは、この複数担当総合科目の部分で一番顕著であります。なぜなら、本気でやりますと、おのずからいろいろな授業の形態を考えることになるからです。

たとえば、「メディアとスポーツ」という科目などは、新しい形態でやったものの一つです。保健体育に危機感を持っていた先生方ががんばって作られました。外から自由に講師を呼びます。ＮＨＫのアナウンサーだろうが、スポーツキャスターだろうが、これぞと思う人にともかく来てもらって、大人気でした。最後はシンポジウムをやって終わる。しかも、そのシンポジウムの司会を学生がやる。三〇〇人ぐらいの履修者でしたけれども、大繁盛でした。

それから、総合Ｂ群には、「体験学習　環境と人間」というのがあります。これはカヌーの訓練を兼ねた自然学習なのです。宿舎を借りて、学生を無数に連れて行くわけには行きませんから三〇人と限定をして、最後は大競争になって抽選でやりました。学生を山に連れていって、自然の学習をし、川のそばでカヌーの名人といわれる方にも来ていただく。ナチュラリストといわれる方にも来ていただく。経済学部の先生が企画責任者です。自然環境と人間、それから地域開発と企業との関係などを学び、最後は、カヌーの訓練までついているのですから、こたえられない。学生達には大好評、受講者は大満足です。私はその様子を聞いて分かりました。身体で学ぶこともあるのだ、身体で学ぶという学び方を、今の大学は忘れている。そういう学び方を、大学は用意しておく必要があるのではないか。フィールディングとか、歴史学者であれば史跡に連れていくとか、こういう活動が授業の中でできる。複数教員担当授業でしたら一人で授業をし一人で責任を負うわけではないので、非常に自然に、学び方・学ばせ方の工夫ができるのです。こういう科目を作ることで授業の変革ができるのだということが、よく分かりました。

企画段階は非常に大変でしたが、やりがいもありました。今もきちんと続いていますから、安心です。新しいカリキュラムは、学生の学びの仕方も変えていく。たとえば、今英語の先生方は申し合わせて、英語の授業では、教室の中で絶対に日本語を使わないということを通しておられるそうです。これは大変ですけれど、非常勤の先生方にもお願いしてあります。ドイツ語のコミュニカティブのクラスでもそうしておられるそうです。

教養教育を支える組織のあり方

さて、教養教育のカリキュラムを作り、かつ保たせていくために何が必要か。組織です。

どんな組織にするかが、結局、致命的に大事なのだということが分かりました。私は、教養教育をやっていく組織を作るときに大事な原則を「SPSの原則」と名付けています。立教の経験から分かったことです。

最初のS、これは、stabilityのSです。組織は堅固でなければいけない。委員会などというものは、一番いけない。たまたま選出されて、何をしようかと集まってくる。もう次の年にはいない。いかにも脆い制度です。stableな制度が、立教では、よく言えばきわめて緻密に、悪く言うとほとんど暴力的(?)なまでに、構想されていました。

細かいことは省きますけれども、要するに、全学共通カリキュラム運営センターはもう一つの学部である、しかも全学に開かれた学部である、という形態が、がっちり取られていました。一番上に部長がいて、その下に全学部から各二人ずつ運営委員がいて、この運営委員会が、最高意思決定機関です。先に申しました大学教育研究部を加えて六学部全部から来ていますから、六専攻の先生がいるわけです。これががっちりあって、その下に、言語担当と総合科目担当という部会があって、これにそれぞれ部会長がついている。そして、その下に最前線の先生方がいる。こういう組織ができております。

運営委員会に出てきた各学部の先生は、初めは「委員会」だと思っておられます。委員会ならば、たとえば理学部の先生が理学部から派遣されて二週間に一回出席して、理学部に関係したところだけ聞いて帰って、教授会で報告すればいいと思うわけです。たいていそんな気持ちで、会合に出てくる。ところが、この運営委員会は違いました。一種の教授会だったのです。センター部長の私は座長であり、学部長に等しい地位を与えられていたのです。運営委員の先生方は、それぞれ教務担当、財政担当、広報担当、研究担当といった役職に就いていただき、それぞれに二人ずつ入ってもらったのです。しかも必ず違う学部の先生と組みになってもらいました。これまでお互いよく分からなかった人が一緒に仕事をしていると、文学部に面白い先生がいるのではないかとか、いろいろなことが、分かってきた。そういう役割分担もやって、この組織は、非常に精密になりました。組織の stability は、重要です。少なからざる国立大学は、失敗しておられるように見えます。委員会方式で、お互い何をしてよいのか分からない。委員長には、元の教養部長の先生などが、「続けてやってくださいよ」とか言われて座っておられたりする。これでは、やはり駄目なのです。

二番目のPは、prestige です。組織は、威信を持っていなくてはいけません。

全カリ部長は、大変、威信を与えられておりました。全学の最高意思決定機関である「部長会」のメンバーでした。しかも一学部を代表しているのではなく、全学部の意向がセンターに集まってくるのを代表するのですから、非常にやりやすかったのです。全学部の意向が、主として運営委員の先生方を通じてセンターに跳ね返ってくる。それを代表すればいいのですから、強かったです。ひところ、悪口を言う人は「全カリまかり通る」とぼやいていたのですが、実際それに近かった。

さらに、部長会に部長が出られたから、お金に関与できたのです。

実は、全カリ実施の三カ月前の一九九七年一月になって、ふと職員の人が気づいたのです。語学教育に使おうと思っている二〇幾つかの教室の机が、全部固定机でした。これでは、コミュニカティブなどと言ったって、後ろを向いて話さないといけない。コミュニケーションも何も取れない。これに気づいたのです。それを全部撤去し、ＩＣＵで使っているような一人用の可動机を入れなければいけない。もう三カ月しかありません。早速サンプルを作ってもらって、いざ試算すると、机の製作費だけで一八〇〇万円、それ以外の、椅子を取っ払って教室を変えて床を変えてなどとやっていると、たちまち一億近い金がいることが分かりました。でも、緊急予算をあえて組んでもらいました。それは、全カリ部長が最高意思決定機関にいたからです。学部長の方達にも緊急性を訴えて、臨時予算をとにかく付けてもらったのです。おかげさまで一九九七年四月から、きちっと、どの教室も全く「コミュニカティブ」な授業ができるようになりました。カリキュラム改革には金が要る、大学改革には金が要る、という一例を体験したような気がします。組織の威信が大事なのです。ですから、国立大学を訪ねたときは、「お宅の一般教育委員会や共通教育委員会の委員長は評議会に出られますか」と必ず聞くことにしています。ほとんど出られません。学部長ではありませんから。そういうやり方では駄目なのです。

最後のSは、support のSです。全学のサポート体制が保障されないといけません。今、申したように、全カリセンターのいろいろなレベルに全学の方達が入り得るシステムになっていました。

言語部会、総合部会というところは、運営委員がそれぞれ半数ずつ、必ず参加することになっていました。ですから、運営委員は上で偉そうなことを言っているだけでは駄目で、言語教育をどうすればいいか、総合科目をどうすればいいかということを、自分達も考える必要が出てきます。これは思わざる効果を生みました。たとえば、こういう英語教育を作っていきたい、そのためのカリキュラムを作ろうと動き出すときに、その場にいるのは英語の先生だけではないわけです。これまでだったら英語の先生だけしか入っていなかった。しかし全カリでは法学部の先生がおり、理学部の先生がおり、経済学部の先生がおり、文学部の先生がいる中で、議論していく。

加えて、センターは、なんと教員人事権を与えられました。すなわち保健体育と言語に関しては、センターで教員人事をお進めになって結構、ということだったのです。センター発足前から決まっていました。これを使わない手はない。徹底的に、部会や構想小委員会で揉んでもらいました。どういう方達を集めればいいか。

そうすると教員の選考の仕方が変わってきました。それまでは、たとえば英語の先生を選考するときに、紀要の論文は何本ありますか、全国学会誌に何本出てますか、ということだけだったのです。それで業績を評価してきた。ところが新しい方式では、それだけでは駄目なのではないか、といろいろな学部の先生が言い出しました。英語の先生の中でも、そうだ、と言う方達が生まれきて、たとえば、専修学校で英語プログラムを作ったことがある、同時通訳の能力が抜群である、というような、いろいろな能力・業績・実績を勘案して人事を進めていこう、紀要論文の数だけを問題にすることはしない、という空気が出てきました。こうして、新しい優秀な言語教育の先生方を次々にお迎えできたのです。国内・国外からお迎えしたその先生方が、英語の教育を抜本的に変えていただく有力なメンバーになっていただけました。そういう人事ができるようになりました。

ネイティブの先生を全世界公募をやった時期もあります。応募が多すぎて、ひと夏のうちに、三つのポストに全世界から一六八通応募書類が来たこともあります。事務局の人などは電話が掛かってくると逃げまどって受話器を取らないなどということもありました。さすがに、いくらなんでも全世界公募はやめましょうよ、ということになって、国内公募に切り替えました。しかし、優秀な方達が来られて、模擬授業もやっていただいて、選考する。新しいいろいろな試みができるようになって、変わりました。

こういう改革を支えた力は何かというと、全学の support があったからです。それを可能にできたというのは、大変に幸せでした。

やはり、大学は、内側から変えていかなくてはいけない。内側から変えていくために組織的な運営の母体がどうあるべきかは、致命的に重大な、肝心なポイントです。

学生諸君が求める双方向な授業

授業そのものの改革は、今、各地の大学で先生方がいろいろな形でなさっていると思います。自分があまり得意でないことから言いますと、双方向的授業といわれるものは、やはり大事です。ただし、私どものような年配の者にはかなり難しいと思います。若い先生のほうが、得意なようです。学生の発表を促し、学生の発表を聞いて、何とかディスカッションに持ちこむようなことができるのは、若い先生方のような気がします。私などは不器用で、せいぜい「良い講義をしよう」というぐらいしか考えられません。一生懸命講義をして、「良い講義だった」などとうぬぼれることもありますが、学生は、ボーとした顔をしているのが普通です。

でも双方向的な授業をたまにやりますと、幾つかのことが分かりました。

大切なことはまず教師のほうの我慢強さです。何にも反応がないときも、あきらめてはいけない。たとえばそういう我慢が必要です。一方で、こんなことを学生達にさせているくらいなら、俺がしゃべったほうが良いと思うことがしょっちゅうあります。これもある程度までは我慢しなくては駄目なのです。

このところ双方向的授業で一番うまくいっているのは、小・中・高校に「総合的な学習の時間」というのができましたが、それを、教職課程の時間で、必ず取り上げる事にしていることです。

三時限取ります。第一時間目には「今、こういうことが起きている」とこの新しい時間のことについて説明し、その後「この時限の後半は全部君達にあげる」と言って、大きな紙を渡しまして「もし君達が先生になって、行った学校で『今年から総合的な学習を始める』ということになったら、どんな計画を立てるか、その計画を考えて出してください。ただし、中学校または高等学校の何年生ぐらいを対象としているかは、自分で考えなさい」というようにします。はじめはがやがやしていますが、だんだんまじめになって、ともかく、計画を出す。翌週、その中から目立つものを五種類くらい選んで発表させるのです。

二〇〇人のクラスでもやったことがあります。発表させる。すると二〇〇人いてもちゃんと発表します。マイクが意外に効果的な小道具でありまして「え、前に出てしゃべるんですか」と言っている学生でも、マイクを持たせると話し出す。たぶん「マイクにしゃべればいい」と思うと声を出しやすいと思うのです。五人ぐらいやりますと、学生諸君が二〇〇人いても、皆、水を打ったように、静かに聞いています。「発表した人一人一人に、あなたのコメントを出してあげなさい」と言って、全学生に五枚ずつ小さい紙を配ると、君の発表は面白かった、とか、君は、こういうところに気を付けたほうが良いんじゃないの、とそれぞれ出してくれます。一時限ぐらいは、五人でちゃんと進みます。面白い、私どもが思いつきもしないような「総合的な学習の時間」の案が出てきます。それで、次の時間に、総合的学習と教科の学習、それぞれの持っている現代的意義を、私が最後にまとめます。三時限使うのはきついな、こっちで、ただ採点して返そうかなと、思うのですけれど、やってみて良かったと思います。

見ていますと学生達は、意外に仲間の言葉を聞きたいのですね。「私と一緒にこの授業を聞いている隣の人は、何を考えているのか」。それを聞けるということは、すごくうれしいことなのです。だから水を打ったように、仲間の言葉なら聞くのです。知らない学生であっても、その考えを聞きたいのです。

学生達の反応を聞いていますと、生活感覚にふれるような気がします。つくづく感じるのは、彼らは、一面で、人と関係を持ちたくないと思っているのです。なるべくなら人に干渉してもらいたくないし、関係も持ちたくない。その気持ちが、たいへん強い。また、関係を持つためのマナーも知らない。たとえばこの教室に八〇人来て、二〇人が机の間に立っていたとする。ところが座っているほうは三人掛けの机に二人ずつしか座っていないとします。それでも、「すみません、ちょっと入れてください」とは言えないのです。ボーッと立っている。一方、座っているほうは、この人立っているなと思って、お尻をずらすか、椅子を前に動かして後ろが通れるようにすればよいのに、それはしない。ただ黙っている。

彼らは、「ちょっとごめん」とか「ありがとう」とか「すみません」とかいう言葉を出すのが嫌なのです。なぜなら、それは人との関わりに関する言葉だからです。関わりたくない、という要素が、双方にあることが、ありありと分かる。私が、ちょっと詰めてあげなさいと言うと、初めて動く、という状態なのです。

この話を大学院生にしましたら、修士一年の学生が、すぐ反応しました。「僕は、先生、分かります。もし僕がスクールバスからおりて駅に向かう間に雨が降っていて、横から傘を立てかけてくれる人がいるというのは、嫌いです。そんなことなら濡れて行きます」と言うのです。つまり、関わりを持ちたくない。ところがその彼らは、強固な自我を持っていてそこに人を踏み込ませるものか、と思っているのかというと、そうではないのです。逆にアイデンティティーが弱いから侵されたくない、弱いから人と関わらないで過ごせるものならば過ごしたい、と感じているのではないかと思うのです。今、私がしゃべっているのは単なる印象です。印象を理論化するとそうなるのではないかというのが、私の観察です。そして実は、まさにそういう学生達だからこそ、なおさら、仲間の学生の言葉を聞きたいのです。言葉を聞くチャンスはありません。大激論を交わすなど考えられないことですから。しかし、にもかかわらず、授業の中では他人の話を聞ける。これは望ましい珍しいチャンスということになるのです。そこで彼らは、双方向的な授業を実は欲しているのではないかと思うのです。

二番目に、彼らは、臨場感というものを求めています。他方、抽象的な言葉自体に対する信頼は非常に薄い。もちろんボキャブラリーそのものもかなり少ない。しかし、たんたんと語られる第三者的な言葉に対しては、やはり、非常に不信感・疎遠感を持つのです。臨場感のある言葉が良いのです。その代表として、当事者の言葉が一番良いのです。最も臨場感があるのは、当事者の言葉です。

その原因は、彼らがテレビのカルチャーの中で育ってきたことが一番大きいのではないかと思います。

時々思うのですが、台風情報の時に、アナウンサーが吹き飛ばされそうになりながら「今、大型台風が岬の上に上がっております、大変な風で、風速何十メートルです」と濡れながら言うでしょう。テレビの生命はあれなのです。物陰でやればやりやすいのに、と思うのですが、吹き飛ばされそうになった、つまり当事者になった人が発する言葉だから良いのです。ですから、学生達には、実践の当事者達に話してもらうのが一番良いと思います。現職の先生の話を聞いてもらうとか、あるいは、社会教育の最先端でやっている人の苦心談を聞いてもらうとか、労働問題のようなことをやるのだったら、争議の両方の当事者を呼んできて当時の思い出を話してもらうとか、そういう試みをすると、学生は一発で乗ってきてくれます。言葉が届くのです。そこをつかむ必要があると思います。

ですから、外部からの教授者をお呼びするシステムなどを、大いに工夫し改善していくべきです。どんどん外から当事者を呼んでこられるような待遇を考える。一コマいくら、というのを、きちんと大学に作ってもらう。「メディアとスポーツ」でＮＨＫのキャスターを呼んで来られたのは、人事課に掛け合って、非常勤は一コマずつでも結構というシステムを作ったからです。喜んで、皆さん来てくれます。こんな安い謝金でよくぞ、と思いますけど、来て下さるほうも、学生諸君に話せるというのはやはりうれしいのです。

学生の自己発見を支える

時間が来ました。最後に二つだけ急いでお話しいたします。

一つは、教養教育のポイントの一つは、学生諸君が自分を発見することを援けることにあると思います。自己発見の援助をする、それにどれくらいのことができるかが一つの勝負だ、と思っているのです。

それが分かったのは、立教大学の学生諸君に立教大学のことを教えた時でした。

「大学論を読む」という総合科目を持ったとき、「立教大学を考える」という講義を二時間続きでやったのです。立教のことを、全部話しました。

私は大学史が専攻ですから、明治七年にできてからの正史はもちろん、現在の問題、その間に起きたスキャンダル、セクハラ事件も全部話しました。すると、学生の喜びようは並みではありませんでした。「明治学院と青山学院と立教とどこが違うんだろうと考えたこともありませんでしたが、歴史を探ってくると違うことがあるんですね、クラスで友達に自慢してやりたい」とか、大きな反響がありました。セクハラ問題にも、学生達は興味津々です。聞いたからといって自分が傷つくわけではありません。ああそうか、ということが、分かるのです。そういう学生諸君のすごい反響を読んでいるうちに、私は分かりました。この学生諸君は、知識欲を満たされて喜んでいるのではないということです。彼らが感じたのは「自分の居場所が分かった」という安堵感なのです。なぜ立教に来たの、と聞くと、「JARパックをやりましたから」と言うのです。上智、青山、立教の「JARパック」で来た、通ればどこでも良かったのです。さらに本音を突っ込んで聞けば、本当は慶應に行きたかった。男の子は早稲田も多い。埼玉大学のほうが学費は安かったけれど、こっちのほうが発表が早かったのでこっちにしましたとか、そんな学生がずいぶん多いのです。つまり、多くの者が不本意入学者です。その不本意入学者が「自分の今いる大学はそういう大学だったのか」が分かるということは、実は「居場所の確認を通して自分が分かった」ということなのです。居場所の発見と確認。これを促すことができます。日大でも、いつでもお出来になることです。

私はこの経験をある学会で簡単に話しました。すると一人の先生が私の所に寄ってきて聞かれました。「私は九州のある大学で教えているのですが、うちの大学は、二〇年前にある土建屋が作ったのですよ。何の誇るべきものもないし、立教さんのような歴史もない。そこでも、おっしゃったようなことをいろいろ教えた方が良いでしょうか」と言われるのです。私は「先生、絶対なさったほうが良い。土建屋が作ったというところから始めて結構なんです。土建屋が作って二〇年経って、今どうなっているか。どこが問題なのか。そして最後に、必ず、どうして自分はそういう大学で教えているのか。このことを学生諸君におっしゃればいい。学生諸君の問題は何で、どこが自分の生き甲斐なのか。一生懸命講義されれば、必ず学生諸君は安心してくれます。全部正直におっしゃったほうがいい」と申し上げました。

私も、立教の恥を全部話しました、それが良かったのです。お気の毒に、学長と総長とかは、入学式に話しをされるのですけれども、全然学生は覚えていません。そんな話を学長がしたのか、という顔をして聞いています。日大一一〇年の伝統、などと言っても、誰も覚えていません。本当に大学と歴史のことを分かっている方達が、共同で講義を組めばいいのです。卒業生代表を呼んできてもよい、スポーツ選手、監督を呼んできても結構、映画監督だっていいし、いろいろな卒業生を呼んできて「日大を語る」をやってもらえばいい。そうすると学生諸君は、安堵するんです。安堵するというのは大きな意味のあることです。それを大学は援けないといけないと思います。

想像力に訴える大学教育の探究

最後に申し上げたかったのは、ホワイトヘッドというイギリスの哲学者が書いた「大学とその機能」という論文のことです。英語でお読みになったら一番よいと思います。『教育の目的』(Aims of Education)という本に入っています。訳もいろいろありますけれど、私はどの訳も物足りなくて、英語が一番いいと感じます。Universities and Their Function という論文です。

一九二九年に書かれました。この中でホワイトヘッドが述べているのは、大学とは、本来何をするところか、というテーマです。しかも、彼はそのスピーチを、全アメリカ大学ビジネススクール協会の発足記念会の講演としてやっています。ですから、空論を述べていない。本当に、そこに来ているビジネススクールを立ち上げるのに働いた人達、あるいは、そこの教員になるであろう人達を対象に、述べています。

彼は、その中で「大学は知識や情報を伝達するか」という問いを自分で立てています。「伝達する」というのが、彼の答えです。これは、彼の母国イギリスでは、否定されるかもしれません。紳士を作るための教育を行うのが大学だ、と否定されるかもしれません。しかし彼は、はっきり「伝達する」と述べています。ただし、その先があって「イマジネーティブリーに伝達する」というのです。これは、きわめて大事な規定だと私は思っています。この「イマジネーティブリー」というのは、おそらく「想像力をかきたてるような仕方で」と訳すのが一番良いのではないかと思います。空想的に、とか訳してはいけないと思います。

ホワイトヘッドは、「大学は、人間の経験と知識(experience と knowledge)とを、想像力を媒介として結ぶ場所である」とも書いております。それが大学の基本的な役割である、と。これはとてもイメージしやすい定義です。学生達が、自分達の経験と知識をイマジネーションで結ぶだけでなく、本当に良い大学ならば、教員スタッフも、また絶えず自分のイマジネーションを持って、経験と研究をつなぐであろう。大学とはそういう場所である、と言うのです。最後に彼は言っています。「あなた方の従事しているビジネスの世界こそが、最もイマジネーションに満ちた世界である。激しいビジネス活動を支えているのは、実は、活発なイマジネーションに他ならない。そこにあなた方の教育は、乗り出そうとしている。これは、大学教育の死去ではない。復活である」。これが彼の論理です。

私は感動しました。教職課程で教える元気が出ました。そうだ、具体的現実を理論化して伝える大学教育実践こそが、考えてみれば、一番イマジネーティブな仕事です。イマジネーションに満ち満ちた仕事です。これを教えることとは、決して学位記や免許状のために知識を切り売りしているのではない。そのために、一番良い教育方法が何かを、私達教育学者は、改めて、発見しなくてはいけないと思いました。

後半は駆け足でございましたけれど、ご静聴ありがとうございました。

北野秋男（教育史）　あまり時間がありませんけれども、何かご質問などありましたら。

後藤範章（社会学）　社会学科の後藤と申します。大変、目から鱗が落ちるようなお話で、感銘を受けています。幾つもお伺いしたいことがあるのですが、一点だけ、しぼってご質問したいのです。大学改革の上で、組織、制度改革が重要なポイントであると理解したのですが、その際、お話になったＳＰＳの中で、最も戦略的な重要性を持つ部分はどこなのか。私の解釈では、二番目の prestige なのではないのかな、と思ったのです。全カリ部長というポジションに、学長、総長が、ある種の制度的な威信を与えて、それをもとに、stable な組織を先生のリーダーシップのもとに作られて、そして、実績を積み重ねていく中で、全学的な support を引き出していったと、そういうプロセスがあったのではないかと、推測したのですが、この辺は、いかがなものでしょうか。

寺﨑　ご明察の通りだと思います。一般教育部に代わる、しかしそれよりも強力な組織を作る、というのは、局外にいた私の推測でも、全学で早くから一致していた線だったように思います。その方向で動いてきていたのです。全カリセンターが立ち上がる八カ月前に総長になられた塚田理先生は、その前の文学部長時代から、リベラルアーツを復活するという強い意思を持っておられましたから、きちんと、全カリセンターを一般教育部よりも上の組織に持ち上げるという考えを持っておられたようです。ですから、prestige は、一番最初からありました。これは、管理者の、立教でいうと総長の、決意さえあれば、案外できるものなのです。国立はできなくて弱っているのです。というのは、委員長には手当ては出しませんなどと、財務省から言われているらしい。委員長などやっても汚れ役だけで、なんにもならない。初めは、なり手もなかった。やり手の事務局長がいる大学だけが、委員長の手当てを取ってきたのだそうです。立教の全カリ部長は違いました。最初から学部長並の待遇です。

次の問題は、一番下の support のところまで、どうやって行けるかです。国立大学は、ここでも失敗しているように思います。「全学出動方式」などという言葉を使われている大学もありますけれど、私は嫌いです。つい勤労動員のことを思い出すのです、戦時中の。こんな言葉を度々言わなくてはいけないのは、苦しい証拠だと思います。立教の場合良かったのは、全カリ運営(具体的には運営委員会の諸権限)が、学部教授会と抵触しなかったことです。学部教授会への意思発信は、最高の意思決定機関である全学共通カリキュラム運営委員会で全部決まり、おおむね完了決定し、その上運営委員を通じて各学部に広まって行く。学部のほうは、もちろん疑問を提示することができ、批判もするけれど、決定を覆せないのです。ただしその批判意見等は、運営委員を通じて、全カリに環流する。ですから、両者は対等・平等です。私は部長会で各専門学部長達と対立することはなきにしもあらずでしたが、学部長が時々陥るように全カリ運営委員会と部長会との板挟みになることはありませんでした。

また学部同士が全カリを舞台に後で互いに文句を言うこともない。これですべてをうまく持っていけたと思います。あの機構が、それを保証したのです。実に、面白かったです。

山岸竜治(教育・院生)　大学院の、教育学の学生の山岸と言います。先生の体験談は、まるで実践報告のように生き生きとして、私は、力のある言葉と感じたのですが、そのご体験は、血反吐を吐くようにおそらくつらかった面もあると思いますが、楽しいものだったのでしょうか。誘導尋問的になりますが、どういう体験だったのでしょうか。

寺﨑　その時は、きつかったです。一週間のうち、夕食を家で食べるのは、二晩ぐらいでしたね。妻などは、「未亡人のほうがよっぽどましだ」と言っていました。時々、帰ってきて面倒をかけるのがいけない。子どもの話も、まともに聞いてやれないこともありました。妻は子ども達に「今、お父さんは全カリでカリカリしているんだから、何言っても無駄よ」と嫌味たっぷりな注意をしていることもありましたよ。つらかったけれど、面白いこともあったのです。何といっても創設期の機関でしょう。そして、初めて作るカリキュラムです。それを作って行く。自分でもだんだん乗ってきたのが分かったのです。全面実施の一九九七年四月、それを必ず越えなくてはいけなかったのですから、大変でした。

もう一つ幸いだったのは、先生方が私の言うことをわりによく聞いてくださったことです。途中で、「大学教育の目的は何か」ということを、先生方に訴えたのです。「先生方は、これまで学部で教育しておられて、学部段階の教育は、『教養ある専門人をつくること』だとお考えになられていると思う。しかしそれをひっくり返しませんか」と言ったのです。「反転させて、学部は教養人を作る、これでいいんじゃないでしょうか。『専門性に立つ新しい教養人を育てる』、こういうふうに考えなくては、とても全カリなんてできません」。こう言いもし書きもしました。私は、専門の先生達から反発を受けると思っていましたら、意外に通りました。とくに、法学部の先生方は、すぐ分かってくださいましたね。

私はまた「教養ある専門人を作るのは、これから大学院に任せましょう。それは、大学院の仕事です。大学院なら、それをなさってください。学部は、教養人を作ると思い定めませんか」とも言っていました。

この前、ノーベル賞を取られた白川英樹さんも、同じことを言っておられました。大学は、教養人育成だけで結構だ、それを基盤にして、ドクターを大学院で多数養成してほしい、と。全く同感です。

紅野　国文学科の紅野です。最初にちょっと遅れてしまったものですから、全部伺えなくて残念でした。今から三年前に、学部のカリキュラムを改革する委員会に属していたものですから、また、このFD委員会も、前回は前学務委員長がカリキュラム改革について総括するというような会なものでしたから、改めて三年前を思い出していたのです。伺っていて、その時の我々は、No Prestige, No Stability, そしてNo Supportだったような状況で、とんと孤立無援のような形でやっていたような記憶がございます。そのおり、立教の全学カリキュラムの案に関しては、目を通させていただき、もともとこういう形のものを、我々のめざす形として、やってみたいと考えておりました。結果的には、非常に強い反対と、強烈な抵抗の前に、旧来の三分野的な科目を部分的には残し、総合科目の二群という形で、立教のような形を取り入れ、なおかつ、もっとオープン科目や複数の先生達による科目を考えたのですが、部分的にしか実現できなかった。カリキュラム改革の次のステージまで行くことができなかったところで、若干、悔いの残るような結果になってしまった。しかし、そう踏み出したことは、良い体験でしたし、大学の教育というものを、改めて考える良い機会になりました。

ところで、その時は、教養の部分の問題だったのですけれども、今日の先生と話の逆の面を、ざっくばらんに、お伺いしたいのです。立教の専門科目は、先生からご覧になって、どういう問題点を抱えておられるのか。また、その改革は、進んでおられるのだろうか。専門に関しては、私達は、各学科にお任せする形で、それぞれの学科で努力をする、ということで介入できないということになってきます。その問題は、ぽっかりと空いている。本当は、教養の部分と専門の部分と、先生が今おっしゃられた専門性のある教養人を育てる、という機能の面で両方の部分がうまく噛み合わないといけないと思いますが、その辺に関してはどうでしょうか。

寺﨑　専門教育改革がこれからの課題であるというのは、どこの大学でも共通で、立教も同じです。ただ、左のような事情があるように思います。

ともかくも、こういう学部横断的な組織が成功して、カリキュラムが実現して、今でもどんどん改革が進んでいる、というのは、ひょっとしたら、あの大学全体が持っている共通の雰囲気のおかげかもしれないと思われるのです。

それは何かと言いますと、学部教育が、極端に専門に特化しないという格好でずっときているのです。他学部科目の履修はどの学部の学生でもきわめて弾力的に行えます。教育の好きな先生が多くて、夏休みなどは、集中合宿とか卒論合宿とかに行く方が大変多いのです。初め一九七四年から五年間勤めていたころ、私はびっくりしていました。法・経など、夏には何々ゼミ合宿といって、あちこちに行く。まるで大学の中にいっぱい私塾があるというような体質が、もともとあります。

にもかかわらず、他の大学と同じ問題もあります。たとえば、経済学部は、ゼミこそ経済学部の命です、と言われながらも、教員数と学生数の関係でその恩恵にあずかれる者は半分もいない。後は、マスプロの一斉授業で終わらざるを得ない。理学部は、ものすごく条件が良い、学生数が少なくて、設備があって、東大から来た視察委員の教授が「びっくりした、何と条件の良い理学部なんだ」と感嘆したこともあります。設備が貧しいことだけが問題でした。というように学部ごとの問題を抱えておりましてて、その後、いくらか改善されたかどうか、今は外にいる私にはよく分かりません。大学院は、今年三つの研究科を一度に発足させました。専門教育も一生懸命に変えていこうとしておられるようです。

学部教育の改革は、多くの大学で最大難問の一つですね。法学部は各大学先を争って、ロースクールを作るでしょう。そうしたら、アンダーグラジュエートの専門教育は、大いに変わらざるを得ないでしょう。変革は、たぶんこれからでしょう。

平野正久（教育学）　たぶん、時間のことをお考えになられて飛ばされたと思うのですが、レジュメの「授業改革」という項目の中の「書く能力を育てる」について、特に気になっているもので、お聞きしたいと思います。

寺﨑　ご指摘ありがとうございます。この項目はお話ししたくて書きました。

私、実は去年珍しい論文を書いたのです。『レポートの書き方』を学生諸君に教えて」というレポートです（本書Ⅲ－2参照）。実践記録です。やってみて、分かりました。いかにこれが大事なことか。

彼らは、ほとんど物を書いた経験がないのです。一年生に至っては、最も不安にかられています。「作文を書いたことがあるの」と聞いてみますと、「小学校の時に書きました、卒業文集に載っています」と言います。時々、犯罪を犯した成年が卒業文集に何を書いたかが載りますが、あれなのです。「中学校の時は夏休みの日記か何か書いたかなあ」と、覚えていないです。高校は、というと「読書感想文は出しました」。「それでは書いたことがあるじゃないの」と言いますと、「読書感想文なんて、先生、あんなの何でもないですよ。一人クラスの中でうまい人がいたら、それをちょっとだけ内容を変えて回せばいいんです。読む本はどうせ一冊ですから」と言うのです。小論文を書いたという学生がいました。予備校で小論文の訓練を受けたという学生もいます。でも、予備校ではどう教えているかというと、「W大学を受ける時は、普通の作文を書いては駄目だ。まず、最初に鬼面人を驚かすような導入をしてから、普通のことを書け」などと教わるわけです。「C大学を受ける時は、宗教のことに必ずふれろ」とか、これが小論文の指導です。それは、レポートというのには遠いのです。

私どもが一番先に教えなくてはいけないのは「感想文とレポートは違う」ということです。これを教えておかねばならないということに気がついたのです。たとえば、レポートに要求されるのは、仮説と検証と結論であって、仮説と結論は違うものだ、論証・検証には調査が不可欠だ、たとえ文学の科目のレポートでも、レポートは感想文ではいけないんだよと言うと、「初めて聞いた」という顔をします。「考えてみると、私は、これまで何十という感想文を、あちこちの科目に出して、全部単位を取ってきていました。レポートは調べなければできないんだということが初めて分かりました」などと感想を書いてきます。

彼らが一番ピンと来たのは、文章の終わりをどうするかという指導でした。「である」と「のである」はどこが違うのか、考えたこともないわけです。「と思う」と「と考える」とはどこが違うのか。どっちが望ましいかなどもそうです。アメリカでは、I think とペーパーに書いたら、たちまち「お前がどう思うかなどということは、研究と関係ない」と言われてタブーになっているそうです。文章の終わり方を彼らは、知りませんし、教わったこともない。
その次に意外に知らないのは、接続詞です。「したがって」「だから」「にもかかわらず」「しかし」「むしろ」の使い方など、どこでも教わっていません。私達教員は、その彼らにいきなりレジュメを出せ、レポートを書けと言っているわけです。わけも分からずに書き流し、単位がもらえればそれでいいと思って、卒業する。それが実態だと思います。本気で教えたら、面白かったです。本日の世話人の北野先生に論文をお送りしますから、よければコピーしてお回し下さい。

北野　ありがとうございます。ご質問のある方もおられると思いますが、このぐらいで終わりにしたいと思います。
実は、寺﨑先生には、去年の八月にお願いしたのですが、やっと実現できてありがとうございました。私も、一言感想を。今日は、理念と組織ということに、しぼってお話しいただけたと思うのですが、やはり、このことは大事である、ということが改めて分かりました。しかし、私達の文理学部で、どのようにして、理念と組織を確立していくのかが、これから大事だし、私も探したいなと思います。本日は、遅くまでありがとうございました。

（日本大学文理学部人文科学研究所における講演。二〇〇二年一月）

2 「低年次教育」考——九州大学の学生諸君と語る——

学生の皆さんこんにちは。ご紹介いただいた寺崎です。私の出身校は福岡県立明善高校で、その後東大へ行って、卒業後大学院を出て約一一年目ぐらいに大学の教員になって、それから二五年ぐらい経ちます。今は、これまで私がやってきたことを織り込みながら、一体、今日本の大学教育に何が求められているかを、お聴きいただきたいと思っております。

今、新谷《しんや》恭明《やすあき》先生(九州大学人間環境研究院教授)は「低年次教育」とおっしゃいましたが、皆さんはその教育を受けている側です。ですから、それが「どうあったらいいか」ということを聴く側ではありません。逆に、その低年次教育にもし欠点があるとしたら、それに対して異議を申し立てる側に立っておられると思います。ですから、これまで甲羅を経たというか、大学に責任のある教師たる私が皆さんに話をするのは、非常にしゃべりにくいことです。が、これまでに感じてきた大学の問題点も含めて、あえて率直にお話をしたいと思います。

このご依頼を受けた後、低年次教育はどうあるべきかということについて、手元のいろいろな参考文献を見てみましたが、なかなかないのです。ただ私の記憶では、今から四半世紀ぐらい前、一九七〇年代の半ばに、一年次生、二年次生の教育はどうあったらいいか、ということが、一部の大学で問題になったことがあります。

有名だったのは、京都の立命館大学の法学部がやった低年次教育です。これはいろいろな機会に宣伝もされ、私も見に行きました。

そのころの立命館大学は、法学部の一年次生の人達に「小集団方式」という教育を始められたのでした。実際に授業を見せてもらいましたが、法学部の一年次の学生の人達全員が、専門の入門として、社会科学文献の講読と判例分析とを併行させる形で、ゼミを受けていました。五〇人ぐらいの人数ですが、それでもゼミだったわけです。先生方も大汗をかいて、調べ方だとか、レポートの書き方、みんなの前での発表の仕方、それから司会のやり方などまで教えておられたのが印象的でした。あのころ、その他幾つかの大学でも少しずつ低年次教育の開発や実践が始められていたわけです。

ただし、今との違いは、専門のための入口をどうしたらいいかということがもっぱら基本的な発想だったことです。専門学習の手ほどきをやるのにどういう方法がいいか、どういうテキストが必要か、という発想で、たとえば和光大学でのプロゼミとか、今の立命館大学のゼミとかが報告されておりました。今、この点が変わってきたと思います。

どういう変化か。大学に入ってから四年間、この期間全体の教育の構図をどうしたらいいかが問われるようになったということです。これが皆の頭にあるようになったのです。すなわち縦割りの学部教育はどうあったらいいかという問題とは別に、もっと大きく、四年間の教育をどうやったらいいのか。最近では、学部の四年間の教育のことを、文部省関係の審議会答申あるいは公文書等々で「学士課程教育」と呼ぶようになりました。昔は「学部教育」と呼んでいました。学部教育というと、何となく法学部の教育、医学部の教育を頭に置きますが、それでは大学教育の問題をとらえ切れないと考えられるようになったからです。高校卒業後の四年間の学習をどうしたらいいか。この発想に変わってきているというのが、二五年間の中の大きな変化です。大学四年間の中で、一体何を目標に教育をしていったらいいか。その枠組みが二五年の間に大きく変わってきたことを意味しています。

つまり、七〇年代の半ばから二〇世紀の終わりの今日に至るまでの間に、どこか我々の分からないところで、大学をめぐる社会的・文化的なコンテクストが実はずっと変わって来つつあり、それが、大学というものを見る目の変化をもたらしたように思います。結論から申しますと、私は、大学四年間でどういうような人を育てるべきかということについて、五〇年の間に大きな変化が起き、大学はその変化を主体的に受け入れなくてはならない時期に至っていると思っています。

日本は、五〇年前に今の大学の制度を取り入れました。占領下だったわけです。占領下におけるアメリカ占領軍のインパクトは非常に強かった。にもかかわらず、相当主体的に、今の形の学校制度を作ったわけです。その当時の人達は、大学の目標を何だと思っていたかと言うと、「教養ある専門人を作る」と考えていました。大学というところは、一・二年生で教養教育、一般教育をやり、その後の二年で専門をやる、その専門の期間は長ければ長いほど本当はいいけれど、一般教育が必修になったから、それを共通に受けさせて卒業させるという訳です。しかし、目標はあくまで、専門教育を受けた専門人を育成するのだということです。ただし、戦前の大学と違い、「教養ある専門人」でなければならない。それは民主的な社会に適合する市民の育成といってもよい。その市民育成という大きい目標の中の、特に専門性ある有能な市民を作るのが大学の役割だ。これが、当時の日本人の考え方でした。しかし私は、この考え方を受け継いだままで、今日、大学の改革をしてはだめだろうと思うようになりました。

私の経歴はちょっと複雑で、大学院を終わってから一〇年間は財団法人立の研究所に勤めていました。それから五年間立教大学に勤めました。その当時、ここにいらっしゃる新谷先生らともお会いしたのです。それから一三年半、母校の東大で教えました。その後、もう一度立教に戻り、立教を定年になって今は桜美林大学の大学院で教えているわけです。ですから、財団法人と私立大学二つと、それから国立大学というふうにいろいろ渡り歩いてきましたが、二番目に戻ったときの立教大学で、私は大きな仕事をさせられたのです。それは全学共通カリキュラムというものを作る仕事でした。本当に大変でした。教養教育を充実させるには、相当に腹をくくらなければできません。それで私は「僕らは腹を決めましょう」と立教の先生方に度々申し上げました。その時、右に言ったことをお話ししたわけです。

五〇年間、我々の先輩は、大学というところは教養ある専門人を作るのだという考えでやってきました。しかし、それはもう成立の根拠が非常に薄くなってきていて、そうではないのではないか、もっと積極的に考えたいと思いました。そこで私は「むしろ今までの発想を逆転させて、専門性に立つ新しい教養人を作る、このことが大学の学士課程教育の目標だ、こう思い定めませんか」と言ったわけです。

実は、比較大学史的な考え方がその背後にありました。戦後日本は今の形の大学を作りましたが、ポイントは何だったかというと、高等学校にすぐ続く四年間が大学なのだというシステムをとったことです。ですから、九州大学であろうが、鹿児島大学であろうが、信州大学であろうが、立教大学であろうが、法政大学であろうが、高校に続く四年間の教育を行うところならみんな大学だ、というわけです。そういう改革が行われました。

そのとき、次に何をすべきだったかと言うと、学士課程教育の全プロセスの中で、本当の教養教育を充実させていくべきでした。アメリカはそうなっています。ハーバード大学農学部というのも、コロンビア大学工学部というのもない。それらは全部大学院レベルです。Undergraduate レベルというのは、基本的にリベラルアーツの教育というのが主流です。そこの中で、学生は少しずつ自分のコアをつくっていって、そしてリベラルアーツの学校を卒業したときに、私のコアはケミストリーです、コアは歴史ですというふうになっているわけです。それを入れるべきであったと思います。ところが入れることができませんでした。旧制以来の牢固たる学部というものがきちっとありました。

私は、そこをひっくり返すというか、溶かしていかないとだめだと思いました。「新しい教養人の育成を図る、これを思い切って大学の教育目標に据えましょう」と申して、立教大学の全学共通カリキュラムを一九九七年四月から発足させる責任者を勤めたわけです。非常な成功でした。後でまた振り返って申し上げることになると思いますが、要するに大学教育の目標を大学自身の手でもう一度再構成する作業がどうしても要る。そこがはっきりしていないと大学改革というのは表層の塗りかえ、衣装の着せかえに終わってしまうという気持ちを、私は今持っております。

ところで、低年次教育には四つの領域があります。

その一つは、いわゆる教養教育とか、総合教育と言われている部分です。皆さんがこの大学に入られた年の七〜八年前までは、人文、社会、自然の三分野教育と言われていました。今はその三分野がなくなってしまって、大学ごとにどんなカテゴリーを作ってもいいようになっています。九分野を作っている大学もあり、四分野にしている大学もあり、バラバラです。立教は六分野に分けました（二五ページ参照）。

もう一つは、保健体育という部分です。現在はこちらも選択制でしょうか。選択科目だとすると、皆さん方の場合は低年次教育の中の一つに選択制の体育が入っているわけですね。必修あるいは一部必修のところもあります。七〇％ぐらいの大学がもう選択制になっています。あと一〇％ぐらいは、全然体育はしないという大学も出てきています。

もう一つは外国語があります。

こういうふうに旧三分野、それから保健体育、外国語、こういう大きい領域があるわけです。これに最近は情報教育が入ってきています。三領域プラス一領域の計四領域が、低年次教育のところにあるわけです。

きょう私がちょっと踏み込んで申したいのは、その中の初めの三領域が、それぞれ現在どういう役割を持っているか、どういう問題をはらんでいるか、ということです。

まず第一に、旧三分野と言われた総合教育科目のところでは、何が求められているか。もちろん公的な見解というか、審議会などの答申を見ますと、「広い視野を養い、特定の専門にこだわらず、ものごとを広範に考える力を養うもの」と、大体そのようなことが書いてあります。しかしそれだけではちっとも分かりません。どういうふうにしたらいいのか分からない。結局、その部分はまだまだいろいろな大学でこれから詰めていかなければならないのです。

私の例で申しますと、私はそのころ立教大学で、その分野を作っていく四つの柱というのを説きました。柱とは知的な分野と言ってもいいし、関心と言ってもいいかもしれません。その四つの柱とは、第一が「環境」、第二が「人権」、第三が「生命」、第四が「宇宙」というもので、この四つの柱を立ててみましょうと提案し続けてまいりました。

この四つの柱は共通しています。我々の先輩が今の大学を作った五〇年前には、その四つの柱は立っていませんでした。それらが重要な教養教育の内容だと考えるところまでには行っていなかったと思います。

五〇年前に、一般教育というものが大学の中に出てきたとき、我々の先輩のほとんど全員の頭の中にあったのは、「人文学」という領域のことだったと思います。ヒューマニティーズを中心とした知的領域を教えるのが一般教育の中心でした。ただしそれだけでは足りないから、化学だの物理学だの、専門学の基礎をやらなくてはいけない。人文学的教養と専門学の基礎、これが当時先輩達の考えていた一般教育の領域でした。ところが今申した四つの柱は、全部一九七〇年代以後、我々の前に立ち上がってきた知的領域なのです。

まず「環境」は、七〇年代の半ばごろから、公害にどう対応するかという問いの中から生じ、今や非常に大きな人間の認識の枠組みになってきているわけです。このようなことは五〇年前の日本人は考えもしませんでした。ご承知のように、今や人間と自然、あるいは人間と人間、さらには人間だけではなくすべての生物にとって、地球とは何であるか、どのように共生して行くかというところまで考えねばならないような広大深刻な課題が浮かんできています。

次は「人権」です。五〇年前の段階では、人権というのは単なる啓発思想でした。私達が中学から高校に上がるとき、新しい憲法が出ました。それで憲法学習というのをさせられましたが、それは単に、ああ世の中にはそういう考え方もあるのか、だからお母さんは投票に行くのだなというぐらいのレベルでした。それが今、見てください。婦人の権利はもちろんのこと、子どもの権利、少数民族の権利、先住民族の権利等々マイノリティーの権利というところまで、権利思想、人権思想自体は広がっているのです。

三番目は「生命」です。生命科学は巨大な進歩を遂げて、今私達の前にクローン人間をどうするかというところまで迫ってきている大問題です。

四番目は宇宙です。宇宙というのもこれに関連した本を読むと、宇宙論の極まるところは実は、哲学、神学に近い領域まで広がってきています。全部五〇年前の知識人達は考えない領域だったのです。

私は「この四つを軸にして教養教育の組み立てをやってみましょう」というふうに申しました。私も今のところ、それ以上の提案は持っていませんが、それほど間違っていなかったのではないかと思っています。立教の学生達の前には、そういう柱を軸に組み立てられた総合教育科目が広がりました。

ただそういう流れのほかに、特に高校を出て、それからプラスアルファの浪人生活をした人もいるし、すぐ大学に入った人もいます。その人達の前には、もう一つの問題があるような気がします。それは「自分を探す」という問題です。探すのは学問の連関ではなく、自分自身をです。

東大にいたころ、教育学部の三年生のゼミで「大学論を読む」というのを半年間やったことがあります。その中で、学歴主義について学生達が二、三人発表しました。その後「君達はどうして東大に入ったの。やはり君達も学歴主義だったの」と挑発的に聞いてみました。彼らは「いやー」とか言って答えないのです。「高校の先生に薦められたの」と聞くと、「それもあります」と言います。「数学が得意だったの」と聞いたら、これまた答えはまちまちではっきりしません。

私が集中的に問いかけたのは教育社会学をやっている女子学生でしたが、彼女は、次の時間の最初に「先生はこの前、どうして君達は東大に来たのかと聞かれましたが、あの後、みんなで話し合いました。全員が納得した答えがありましたから、今から申し上げます」と言い出しました。「ほう、それは何だったの」と聞くと、「自分を発見してみたかったからです」と言うのです。自分がここにいるという存在感を、東大を受けることで試してみたかった、そしたら通ってしまった、ということなのです。今風に言えば、アイデンティティー発見の手がかりは難関大学への受験であった、というのが答えでした。

これはもちろん、青年心理学的にはきわめて貧しいアイデンティティーの確認の仕方だと言えますが、そこまで追い込んでいる我々の社会環境というのもあるわけです。私は、今大学に来た学生諸君達に対して「あなたは何なのか」という問いへの答えを、いろいろな形で提供する義務があると改めて考えさせられました。

立教におりましたころ、学生諸君に話をして大変好評だったのが、「立教大学を考える」という講義でした。私がそれまで思ったこともないぐらいの反響がありました。

「私は立教のことについて、今日いろいろ知ることができて、友達に自慢したい気持ちです」(法学部の学生)とか、「私は四年生ですが、この大学を嫌いなままで卒業しようとしていました。就職も内定していますが、先生の話を聞いて初めてこの大学が好きになりました。卒業間際にこんな体験を与えてくださってありがとうございます」などと、そんな反響がいっぱい来るのです。そのクラスは、五五人ぐらいで、三〇人が一年生、あとの二〇人が二・三・四年生に分かれていました。その反響をよく読んでみますと、この人達が求めているのは、立教大学とはどういう大学かという知識ではなく、自分のいる場所のことなのだ、ということです。私が今どこにいるのかピンとこなかったが、それが分かった、安堵したという感想が、反響を読んでよく分かりました。

ですから、「自分を知る」という手だてについて大学が何かを提供しようとすれば、私はそういう低年次教育は、大いに役に立つのではないかと思います。

新谷恭明先生は「真剣に九州大学への入学活動をしてきた学生の場合、九州大学へのアイデンティティーを希求する欲求が強く、それが理系の学生であっても『九州大学の歴史』というテーマは、格好のアイデンティティー強化の場であったと言える」とお書きになっています。この感想は、私が立教にいて「立教大学を考える」というのを話した学生達の反応と全く同質のものでした。

私はいろいろな大学で、今自分のいる大学について学生諸君は教えてもらうべきだと思っております。移った桜美林大学でも、私はこれを実行しました。

二番目は、大学の大弱点であったのですが、外国語教育の問題です。ものすごい問題をやはり大学は抱えていたのです。立教という私立大学の中で、しかも八〇年ほど前は「英語の立教」とすら言われていた大学の現在の英語教育を見たとき、我々は学生諸君に顔向けができるかというと、全然できなかったのです。「君が英語に一番強かったのはいつ？」と学生に聞くと、「受験のあくる朝でした。あのときが一番よく覚えていました。あとは落ちる一方ですね」と答えました。大学に入って英語の授業に出たら、何やらわけのわからない作家のテキストを読まされ、それも何週間に一回まわってくるだけで、そのときはとにかく当たるのを避け、座る場所まで変えて逃げ回る。受かりさえすればいい、とにかく優、良、可のうちの可が取れればいいというので逃げ回り、二年生の終わりまでダラダラと過ごす。こうして三年生に行くのですから、英語が上手になるはずがないのです。これは立教大学に限りません。

一九五一年に私が東大に入ったときの東大教養学部の英語はどうだったかというと、全く同じでした。今でも忘れません。オスカー・ワイルドの『ドリアン・グレイの肖像』が最初のテキストでした。オスカー・ワイルドという名前はちょっと聞いたことがあるかなと思っても、『ドリアン・グレイの肖像』なんて知りません。ちょうどこの半分ぐらいの人数でしたが、私は大学に入って、一度だって発音を直されたこともなければ、アクセントについて注意を受けたこともありません。その先生は妙にスッスッと進んでいかれましたが、私には何の感動も呼び起こしませんでした。ついに『ドリアン・グレイの肖像』

の翻訳本を見つけ出し、日本語で読んでみましたら、これは結構面白い小説なのだということが、後で分かりました。その程度の英語教育だったのです。

さらにもう一人の先生は米文学の専攻でしたが、次の学期に選ばれたテキストはアメリカの文芸時評でした。出てくる作家や作品の名前も忘れましたが、だれだれの何とかいう小説はこういうことであると書かれた評論集のようなもので、学生にとってみれば分からないままにそれを読まされ、この構文はどうなっているだろうかを当てっこするぐらいが関の山の英語学習でした。私が本当に英語をやろうと思うようになったのは、大学院に入ったころからでした。

つまり英語に関して言えば、全く受け身の形の授業を高校三年まで受けてきて、うまくいって受験用の単語の使い方だの前置詞の置き方だのを勉強し、英作文といえば与えられた日本語を英語に直すだけの訓練をちょっとやって、大学に入ります。入ったら今度は、先生の趣味で教えられ、ダラダラと終わってしまうのではないでしょうか。

それで私どもは、立教でこれを徹底的に変えることにしました。一年生の午前中は全部外国語というように大胆に変えてしまいました。英語もドイツ語もフランス語もスペイン語も中国語も、全部一年生の午前中に上げてしまいました。午後にやるとクラブ活動がつぶれますから、学生はやりたくないのです。そしてたとえば英語だったら、無理でも一クラスを三〇人以内に抑える、最大でも三五人ということにして、一人の先生が一週間に二回同じ教室に来る、その先生を一組作って、つまりペア・ティーチャーの形で授業が行われるようにしました。今までのダラダラの二年間、週二時間ずつなどというやり方はやめて、一年生で週四時間ずつ集中的にやるようにしました。

内容は自己表出力を中心に置いたコミュニカティブな英語に変えて、テキストも統一しました。それからコミュニカティブになると、学生諸君のグレードを、とくに会話ができる人とやったこともない人とがいますから、テストで分けました。能力に応じた学級を作るということで教室の机の並べ方まで変えました。全部固定机でしたが、一挙に固定机の二五教室を、可動机に変えて始めました。これは良かったです。その変えていくプロセスの中で、「ああ、これが五〇年間放っておかれた大学教育改革のテーマの一つだったのだな」と改めて思いました。

岩波新書で、鈴木孝夫先生の『日本人はなぜ英語ができないか』(岩波新書)という本が出ていますが、もしチャンスがあったら読んでください。非常に面白いです。鈴木先生は先端的な言語学者であると同時に、英語教育論者でもあります。今度書かれた本を見ますと、思い切っておっしゃっていることが幾つかあります。たとえば鈴木先生は、中国のある方とロシア語について話をして、びっくりしたことがあるというのです。ロシア語をやったことがあるというご婦人が教わったロシア語の教育というのは、いかにして中国のことをロシア語で表現するかということだったそうです。

これは、日本が一〇〇年間やってきた語学教育と全く違うというのが、鈴木先生の発想です。鈴木先生によると、日本の語学教育はイギリスならイギリス、アメリカならアメリカのネイティブ・ランゲージに近いものを、ともかく教え込みます。教えられたほうは、それを学ぶと同時にイギリスの文化あるいはアメリカの文明、そういったものを、学び取る。つまり、その言語を生んだ国は偉いんだということを前提に置いて、その武器を自分のものにした上で、その国の文化をどれぐらい取り入れるかという目的を持つ学習でした。これではだめなのではないかというのが、鈴木先生の議論です。だから「大学生は、徹底的に日本のことを表現できるような英語学習をやらなければいけない。全く発想を変えてみよう。極端なようだけど自分はそれを提案したい」と言っておられます。これは一面で当たっていると思います。

私達は英語を教わってきただけですが、それをもってイギリス、アメリカを理解するものだ、せいぜい格好よく言えば世界を理解するものだ、と思っていました。皆さんもそう思っていませんでしたか。しかしたぶんそれでは通じなくなるでしょう。そうではなくて、もっと自分のこと、日本のこと、さらにアジアのことを表現できるような英語教育をやっていかなくてはいけません。それをこそ、コミュニカティブなランゲージ・エデュケーションの目標に据えてしかるべきものではないかと、立教にいたころつくづくそう思いました。英語の手紙一つ書けないというのは、なんて情けないことだろうと思いました。発信型の言語教育の実現、これこそ学士教育課程における外国語教育の目標であるべきです。

時間が来ました。後でまたつけ加えさせていただきたいと思いますが、最後に一つ、こういうことを提案したいと思います。

今、学生諸君に共通科目を教えておりまして本当によく分かるのは、高校までの訓練の中で、決定的に欠けている部分があるということです。どういうことかと言うと、文章をどう書くかという力です。これはもう驚くべき状況です。

昔、私が東大にいたころ、ある教育情報会社から、機関誌の編集員をやっている若い女性がインタビューに来ました。私は東大の教育学部附属中・高校の校長を三年間やりましたが、その学校の航空写真が私のいた学部長室に掲げてありました。「これは何ですか」と聞くので、「これは我々の学部の附属中・高校です。ここはすごくいい教育をやっています。生徒達は高三で卒業するまでに、みんな何センチにもなる厚い卒業論文を書くようになります。そういう勉強をしているのです」と言ったら、「すごいですねぇ」と感嘆しきりです。「ところであなたは、高校を出るまでに作文を書いたことがあるの」と尋ねたら、「高校ではありませんでしたね。小学校のときは書きましたが」と言うのです。その女性は津田塾出身でしたが、「小学校では卒業文集を書き、中学校では日記を書かされたような気がします」。「高校は何にもなかったの」と聞くと、「一度か二度、読書感想文というのを書かされましたね」と応えるので、「書いたじゃないですか」と言うと、「先生、読書感想文なんて、クラスの中で二人ぐらい上手な人を見つけておいて、その人のをみんなで回して、ちょっと変えて出せば、本は一種類ですから簡単でしたよ」と言うのです。

この程度の作文体験で大学に入って「レポートを出しなさい、レジュメを出しなさい」と言われても、実は書けないと思うのです。中にはプロ級の小論文を書く学生もいますが、小論文とレポートは違うわけです。作文とレポートも違います。感想文とレポートが違うということすら、低年次のときにわからないというのが、ほとんどの学生諸君だと思います。ですから私は、必ず共通講義の中で「レポートの書き方」という講義をします。そのときだけは、私語一つなく皆聞いています。本当に知りたいのです。

たとえば、「である」と「と思われる」と「と考える」と「のようである」は、書くときは全部意味が違うのだと言うと、目を丸くして、「そうですか」とびっくりします。みんな同じように書いていたわけです。文章を書く学ぶ手だてというのは、やはり低学年次で絶対教えるべきことだと改めて感じています。もちろん、分野によって違います。理系のレポートと文系のレポート、それから社会科学系のレポートと文学系のレポートなど、それぞれ違います。

最初に申した学士課程教育修了までの二二年というのは、皆さんの生涯八〇年間のうちの四分の一にしかすぎません。その四分の一にすぎない部分で最も力を入れるべきことは、おそらくそれ以後六〇年間の学習を支える基礎的・基本的な力だと思うのです。そういう目で学士課程教育というのが作られ、そのための低年次教育を編成するということが、二一世紀に向けての大学にとって不可欠のことではないかと考えているところです。

学生A　寺﨑先生のお話はすごくためになりました。専門性に立つ新しい教養教育をめざすという考え方のようですが、高校に続く大学をめざすと言われましたが、入試科目にも問題があるのではないでしょうか。たとえば九大の医学部、あるいは農学部にしても、生物をやらないで入って来られます。東大にしても、ああいうところは非常に頭が良い人達がいるのに、生物を一からやり直していると聞きます。恐いです。人間を扱うところなのに、生物を知らないで入り、細胞やミトコンドリアさえ分からない学生がいたりしています。

　また大学の改革は、大学だけではいけないのではないでしょうか。今の大学は、大学の中でしか問題を捉えていないと思います。やはり高校の中からどうやって大学に上がってくるのかというのが大事だし、生徒が何をしてきて大学に来るのかということも重要ではないでしょうか。九大とか久留米大学の医学部にしても、物理が必修でないと入れないという現実があるのです。だから、そういう受験体制からも今の大学教育の問題を考えていく必要があるのではないかと思いますが、いかがでしょうか。

寺﨑教授　大学の改革を大学の中でだけしか考えてないのではないかと言われると、その側面もある、と思います。東大の理Ⅲの学生、これは医学部へ行きますが、大半は生物を取ってきません。三分の一ぐらいしか取ってないのは確かで、教養学部の理科の先生達が音を上げています。見ていますと、学力が下がったという論議の中のかなりの部分で、生物学の学力低下、これを実は指摘している議論が多いのです。やはり今おっしゃったように受験上のテクニックと結びついているやりきれない問題からきています。

　もう一つは、今おっしゃったことを解決するにはどうしたらいいかという点ですが、誰にもなかなか見つけられないでいるのではないかと思うのです。

　たとえばセンターテストは、アラカルト方式で、勝手に選択できます。基本がアラカルトです。理系の大学の場合だったら、おそらく物理、化学、生物、地学の中から二科目とか三科目という指定になると思うのです。ところが受験者の方の心理から言うと、言うまでもないことですが、点数の取りにくい生物はみんな避けるというふうになって、それで医学部までいくわけです。

それを防ぐには、センターテストを今のようなアラカルト方式ではなくて、基本的には大学進学資格方式にするようなことを考えないといけないわけです。しかしこれは仕掛け自体を変えるものすごく大きい話になって、そこまでは行きません。結局、高校を卒業した理系進学希望者達の科目選択に任せるということになります。すると、全然別の力学が働いて、点数の取りやすい科目からみんな取っていくことになり、その循環をどこで断ち切ったらいいかというのが、難問なのですね。

流れとしては、今おっしゃった高校卒業までの学習と大学との間のつながりをどうつけるかという課題は、これから、今までよりもっと厳しくなると思います。ＡＯ入試は相当の大学に入っています。学科試験をしないわけで、面接一本でいく、こういうことになります。しかしそれが優勢になったときに、果たして高校、大学の連関というのはどこで保障されるのか、まだ誰にも分からないのではないでしょうか。大学審議会が出している入試改革の方針は、「多様化」ということだけにとどまっています。そうなると、私学は、推薦入試、ＡＯ入試等に傾斜してゆくでしょう。国立は科目選択の拡大に行くでしょう。正直なところ、誰にも処方箋は出せないというのが実状だと思います。どうしたらいいと思いますか。皆さんのような受験したばかりの方達の意見を聞かなくてはいけないと思います。

学生Ｂ　今僕は二年生ですが、一年生も混じっています。実は医学部へ本当は入りたかったのですが入れなくて、ただ大学に入っただけでした。しかし二年生になって、もう一度受験勉強をして、予備校に通いながら大学に行っていたのです。でも、やはり医学部は難しく届かなくて、結局、農学部のバイオのほうから頑張ってみようと思って、今農学部です。去年まで予備校とか行って入試要項を見ていると、広島大の医学部は、物理履修とあります。絶対おかしいのではないでしょうか。人体に触わる人が、生物をしないで大学に入るというのは恐ろしいことだと思うのです。そういう面もあって、やはり大学の入り方にすごい不満を持っています。

だからというわけではないのですが、やはり専門人を作るのだから、高校のときから、九大の例だったら、生物をしないと入れないというふうにした方が、まだましだと思います。そうすると、また物理の人は何で医学部に行けないのかという話になりますが、だったら生物を必修にして、化学か物理さえ取っていれば入れるといったような制度にすればいいと思うのです。農学部も一緒で、物理と化学しか取ってない人なんかは三分の一以上いると思います。だから、やはり受験から生物も必修みたいな形に変えるのがいいと思います。

シンポジウム終了後の学生の意見

法・二・男

このシンポジウムを受けて良かったと思う。寺崎先生や押川元重先生、折田悦郎先生の話で共通しているのが、どういう大学人に育てていくかを真剣に考えていらっしゃるということだ。寺崎先生は、全学教養科目について、三分野である教養、保健体育、外国語とともに、情報という一分野を加えた四分野の教育であると言っておられた。その実施率は、外国語、保健体育、教養《ママ》において悪いものであるという。外国語に関しては、外国語(特に英語)を日本語に訳することで、外国の文化を学んでいるという受動的な態度から、日本のことを外国語で主張、表現していくということが必要だとおっしゃられていたことが印象的だ。

法・一・男

今日、とくに印象に残ったことをあげると、文章とか理屈(論理)、討論、発言(?!)などが下手だと言われたのは、正直言って痛かった。それを実感しているし、その能力のないことに対して不安もあるからである。でも現段階では、それを克服するための手段や方法を得たければ、自分で努力するしかなく、結構大変だ。

工・三・男

今日、寺崎先生から低年次教育の意義を聞いて、僕も、もっと前に聞いていればよかったと思った。僕が一、二年のときは、「教養課程なんて、英語以外意味がない」とずっと思っていたが、それが自分の視野を広げるためのものと聞いたとき、そう考えると授業を積極的に聞くだろうなあと思った。

工・一・男

今日の授業は、自分を考える上でも、大学を考える上でも、非常に役に立ったと思う。「専門性に立つ新しい教養人」の育成といった大学の新しい方向についての意見は新鮮であり、とくに環境、宇宙、生命、人権の四つを軸にして教養を学ぶという意見は、これからとくに必要なことだと思った。

そこで僕は提案したいのだが、今の九〇分授業の五時限という体制は、良くないと思う。今の単位からいくと、授業のコマ数が少ないと思う。もっと授業時間を少なくし、コマ数を多くして、多くの教養をたくさんの先生方から学べるような授業体制が必要だろうと思う。外国語教育にしても、今の現状ではコマ数が少なくて、集中的に学べるという状況ができていないと思う。

エ・一・男

寺崎先生の話の中で、英語のテキストと評価方法の統一についてのことが、印象的であった。今自分は、日本人とアメリカ人の二人の先生の授業を受けており、この二人の授業は非常に対照的で比較しやすいのだが、やはり授業は先生方の性格が出てしまうため、たいていのことではそういった統一は難しいと感じる。一歩間違えば、先生のほうも自分の好きなようにできないので、やる気をなくしてしまう。学生はそういった先生の「やる気」にはとても敏感なので、失敗する可能性が高いと思う。それを成功させたとなると、本当にすごいと思う。

願わくば、コミュニケーションの授業を増やして欲しい。

理・一・男

他大学の寺崎先生の大学改革の話など、教育の内容に関する経験が聴けて、とても面白かったです。三人の先生の話に共通して感じたことは、社会のneedsと生徒のwantを満たすためにいろいろと活動しているということです。専門を身につけるだけでなく、幅広い知識と教養を持った人が求められている時期だと感じていますし、私自身どのようにすればよいのか分からず、悩んでもいます。

私の個人的な希望ですが、低年次教育に求めているものは、自分の専門分野の最先端の話題とその現状です。自分の興味ある分野についてのいろいろな話題提供があれば、学生の勉強に対する動機づけになるのではないでしょうか。

農・二・男

寺崎先生の話で「教養のある専門人を作る」という考え方から「専門性に立つ新しい教養人」の育成という考え方への変換はすごいと思います。今の学生は、やはり手に技術を持たなければなりません。しかし、教養を軽視しないという前提のもとで、専門的なことをやるのはかなり難しいことです。なぜなら、高校に続く大学をめざすと言われましたが、今の大学受験に問題があるからです。

たとえば農学部や医学部が、物理、化学で入れることです。人体や植物を扱うエキスパートをつくる学部が、生物なしで入るなど信じられません。愛媛大や広島大の医学部は、物理必修でないと入れないという現実があります。これでは専門的知識などあやふやになりかねません。それなら、教養などせずに生物を一から勉強する時間を与えたほうが良いと思います。学生が高校という場所で、何をやってきたのか、もっと大学の先生方は知るべきだと思います。

農・一・男

僕は、最初に話された寺崎先生の話が、とても印象に残りました。今の英語教育に対して、少し不満があります。僕は、今でも高校の時と同じような英文を和訳するようなことをやっていますが、全然面白くなく、身に付かないと思います。しかし前期に受講した先生は、コミュニケーションをしてくれて、とても良かったと思います。僕はこれからの九大のカリキュラムの改善について、がんばって変えていって欲しいと思います。

医・一・男

今回の講演を受けて、寺崎先生が、大学教育の目標は「専門性に立つ新しい教養人」である、と言っておられたのに共感したのであるが、最後の質問のときにもあったように、今の受験制度には、非常に大きな問題があると感じた。私が通っていた高校の授業も、大学の受験制度にしばられていた。受験科目が英、数、理がメインなので、授業もそれをより重点的に行っていた。もっと、浅く、広い受験制度が必要である。

（九州大学公開シンポジウム「低年次教育の意義」における基調講演、一九九九年十一月）

〔付〕ふたたび低年次教育を考える

一九九九年秋に開かれた公開シンポジウム「低年次教育の意義」にパネリストとしてお招きいただいてから一年半になろうとしている。押川元重、新谷恭明、折田悦郎各先生の熱意、出席していた二〇〇名近い学生諸君の熱心な聴講態度、多数の参加者の方々の姿など、印象深く心に残っている。

低年次教育の試みは、多くの学生諸君に歓迎されていた。そのことが分かったのも、大きな収穫だった。

(1)　九州大学を語ることの大切さ

あれより先、一九九九年三月に史料室から刊行された報告書『試行授業「九州大学の歴史」に対する学生の反応について』は、学外でも取り沙汰された。

「今までは、テレビや本などで年輩の方が、旧制高校卒などといっていても、今の高校とどう違うのかいまいち良く分からなかったが、今は旧制高校がどんなものなのか、ほぼ分かるようになった」（法・二・

男）。こうした感想に、いたく鮮烈な印象を受けた人もいる。その人は旧制高校卒業者達が主宰する研究会のメンバーで、会場で折田講師から報告書を呈されたのだという。この報告書に満載されている若い学生諸君の文章は何と新鮮であることか、というのである。（鵜木奎治郎「全学共通科目『九州大学の歴史』」、比較思想学会『比較思想研究』二六号、一九九九年）

他方、九州大学の歴史そのものが学生達に与えた感動は、特記すべき収穫であると思う。シンポジウムでも言及したように、学生諸君は、たしかに大学を「選んで」九州大学を受験し、合格し、ここにいる。だが、ではその「選び」に自信があるかというと、そうでもなく、また合格できたという結果に対しても、大人や教授達が想定するほどの積極的意味を見出しているわけではない。

「九州大学は旧帝国大学で古い大学だということだけしか知らずに受験し、入学した私ですが」（教育・一・女）。

「私は率直なところ、入学した当時、九州大学に全く愛着がありませんでした。というのも九州大学を受験した理由というのは、不純かも知れませんが、他人から認められた〔い〕のと、自分が〝ドロップアウト〟じゃないということを確認したかったからです」（農・一・男）。

こうした気持ちは、決してこの二人の学生達だけのものではなく、また九大の学生達だけのものでもない。多くの大学の、多くの新入生達に共通のものである。

自分の「居場所」というものを確認することで自分自身を知る。大学での学習の、したがってまた教育の出発点の一つは、「自分の発見」への手がかりをつかむこと、また大学がその機会を与えることである。

全国すべての大学で、「自校を語る」ことをテーマとする講義が行われてよい。著者はこの数年そう唱え続けてきた。報告書を参照しても、また勤務校での体験からも、学生達の感動は、単に「知識欲を満たされた」という満足感ではない。自分を発見したという達成感、あるいは一種の安堵感なのである。

(2) 改革の甲斐がある分野

「低年次教育の意義」のシンポへの感想にも、普通の総合科目などではめったに聞けない反応が多かったように思う。

そもそも「低年次教育」というのは、言葉だけ取れば、歯の浮くような科目設定である。だが、学生諸君は反発らしきものを感じてはいないようだった。著者などが大学新入生だった五〇年前に、仮にこういう試みがあったとしたら、「何をいまさら」と、粋がって反発していたことだろう。もっとも、このカリキュラムを選択しなかった学生の中には、同じような反発を感じていた諸君がいたかもしれない。だから一般的には言えないが、少なくともあそこで聴講した学生諸君は、「先生方がこのような科目設定をして熱心に授業をしてくださった」ことに、驚くほど素直に感謝していた。

反応を読んで感じたことは二つある。

一つは、立教大学でのカリキュラム改革の中の英語教育改革のくだりへの反応が高かったことである。「国立大学のアキレス腱は外国語教育だ」とかねて考えていたが、九州大学もやはり、と思わせられる反応だった。東京大学教養学部の外国語教育改革は有名だが、ほかで目立った話を聞かない。いわゆる三分野の教育を変えるのは、やさしくはなくとも、やり方の筋はわかる仕事である。だが外国語教育改革は、何しろ担当教官の間で合意形成をするのに、相当大きなエネルギーと、時には軋轢を覚悟しなければならない作業である。教員一人一人の言語観から始まって、言語教育観、文学観そして大学観など、おそろしく根本的なところからの討論（あるいは争論）が避けられない。だがこれを抜きにしては大学教育の国際化も教養教育も語れないほどの、大きな改革テーマだと思う。学生達の改革要望がかなえられるのを、期待したいと思う。

もう一つは、立教大学全学共通カリキュラム実施四年目の二〇〇〇年度の学生部調査によって、新カリキュラムへの学生達の評価が分かったことである（立教大学学生部『大学環境調査報告書』二〇〇一年二月）。キャンパス生活の全面にわたって調べた調査だが、一〇年前、五年前と比べると、大きな評価の違いが出ている。

たとえば「この大学では、教育方法やカリキュラムの改善に取り組んでいる」と判断する学生の率は、過去一〇年間を五年ごとに三分すると、五五％↓六八％↓七四％と著増している。九州大学のあの学生諸君と同じように、立教大学の学生達も、先生達の努力が分かるのである。

「この大学は総合的な視野でものごとを考えるよう教育している」と考える者も、全カリ実施前の五年前は四一％だったが、去年は五六％（一年次生だけ取ると六六％。カッコ内以下同じ）となった。これは総合科目群（旧三分野）による総合教育への評価である。他方、英語教育について見ると、「この大学の言語（英語）教育は、充実している」と考える者の率は、五年前（全学共通カリキュラムの一部だけを試行した年）には二三

%だったが、去年には一挙五七%(六六%)となった。英語以外の言語の教育についても、二六%↓四二%(五五%)と、ウナギ登りと言ってよいほどの評価上昇である。

要するに、「改革すれば報われる」のが言語教育と教養教育の分野である。それはもちろん低年次教育と重なる。学生諸君によく分かる改善対象なのだ。

今後、言語教育のイノベーションについて、九州大学のご健闘を祈りたい。

(3) 高校と大学のつながりへの問い

最後のポイントは、あのシンポジウムで、高校までの教育と大学教育とのつながり(あるいは齟齬ないし断裂)に関して、少なくとも私の構えと学生諸君の問題意識との間に、違いがあった点である。

著者は(おそらく他の三人の先生方も)「大学に入ってからの学習」「大学での教育」だけに重点を置いて発想し、語っていた。これに対し、討論の中で学生諸君から出てきた論題は「高校までの学習と大学に入ってからの学習」との食い違いの問題だった。具体的には〈「生物」の学習をしないで、あるいはそれを受験科目にしないで大学に進学しても困る、大学はこれをどう考えているか〉〈受験制度を再検討し、大学に入って大切な科目の指定を増やす必要がある。大学としてはどう思っているか〉という論題だった。質疑討論のかなりの時間が、この問題に費やされた。

記録を読み直して、改めて考えさせられた。大げさだが「日本の大学における低年次教育の特質と問題」というテーマが浮かぶ。

なぜ「低学年次教育」は必要か。必要とすれば、どういうものであったらよいか。シンポジウムでも触れたように、日本ではこの問題に関する配慮が弱く、導入の歴史は浅く、実践も少ない。

こうした傾向の原因は、幾つかあげることができるように思う。

まず大きいのは、日本の大学と高等学校とが一見したところ矛盾なくつながっていることである。言うまでもなく、日本の大学教育の階梯は、「高等学校卒業」を第一の、あるいは基本的・基礎的な基盤として、成立している。学校教育法五六条は、「大学に入学することのできる者は、高等学校若しくは中等教育学校を卒業した者」だとまず定め、このほか二つの例外コースを付加しているにすぎない。中等普通教育がバラバラなヨーロッパ系の学校システムとの大きな違いである。ところがそのヨーロッパでは、導入教育としての低年次教育が重視されているという話は聞いたことがない。日本はこのヨーロッパに似ている。

だが他方、日本と同じく、高校教育と大学教育がつながっているように見えるアメリカではどうか。アメリカではカレッジへの導入教育は一般にフレッシュマンセミナーと呼ばれ、その起源は一九一〇年代末にさかのぼるという。一九三〇年代までには大学の三分の一が実施し、一九三八年には全大学生の約九〇％がフレッシュマンセミナーを履修したというのだから、日本とは全く逆である。

その後、導入教育としてのフレッシュマンセミナーは、普及するかたわら、変化も余儀なくされた。すなわち今の日本と同じく、大衆化のもとでの学生の学力低下、ジェンダー・バランスの変化、学生の学習時間の減少など、少なからざる変化が起き、それとの関わりで変容を蒙ったもののようである。併せて導入教育は、次第に補習教育と混合を深めているとも言う。

このような揺れはあるものの、要するに八〇年以上の歴史をもって「フレッシュマン」への教育が意識され実践されているのはやはりアメリカなのである。最近の研究論文で著者は以上のことを知った。（山田礼子「アメリカの大学における導入教育の意味―学生の変容との関連から―」広島大学高等教育研究開発センター『大学論集』三一集、二〇〇一年三月）

このような流れの中で考えると、低年次教育は遅かれ早かれ日本でも普及せざるをえないだろう。高校―大学間の一見スムーズな連絡関係(?)にもかかわらず、実はアメリカ型の普及が求められてくるであろう。

ただし、アメリカと日本の違いは、前者では学士課程段階の教育はリベラル・アーツの教育であるのに対し、後者では早くから専門学部による専門教育が入ってきていることである。それは低年次教育を「フレッシュマンのための専門入門教育」へと向かわせ、語学教育を含めての教養教育への入門とは意識させない方向に働きやすい。ただし、九州大学でこれまで行ってこられた低年次教育は、低年次学生のための一般共通教育に近かったと言える。それはそれでむしろアメリカ・モデルに近いわけで、進んだ形態と言える。これを枯らしていただきたくない。むしろもっとアメリカの例にならって、より多彩に展開されるほうがよいように思われる。

前記山田礼子氏の研究論文によると、一九三〇年代に原型ができていたフレッシュマンセミナーでは、すでに「各大学の歴史と伝統そして理念〔これは九州大学ですでに行われた！〕」、大学の組織と運営、大学生活とクラブ活動、大学生活と高校生活との差異、友人関係、大学のカリキュラムについて、職業選択について、モラルと倫理性、宗教、大学での学習の目的」といったガイダンス的内容のほか、「文章力の向上、各教科の入門、テスト対策、ノートの取り方、時間管理法」といった学習技術に関連する内容も、顔をそろえたという。

日本の場合、前記のような高校教育と大学教育とのシステム上の連結性のために、かえって大学入門期教育への配慮が薄れ（「高校を終わって、しかも選抜を受けて大学に来たのだから、これくらいのことは分かっているはずだ」）、手だてが遅れたと見られるふしがある。だが、少子化で加速される学力低下や、「大衆化」のさらなる影響が深刻に予想される現在、低年次教育の必要性はますます高まるばかりだろう。

九州大学は、先見性を誇るに足る実績を築き始めておられると思う。それだけに、今後も、国立大学の中で開発の先頭を切っていただきたいと期待する。

（新谷恭明・折田悦郎編『低年次教育における九州大学史カリキュラム開発に関する研究』九州大学史史料室、二〇〇一年三月）

〔付記〕

連続講義「大学の歴史」を記録した左の文献が刊行市販されている。

新谷恭明・折田悦郎編『大学とはなにか―九州大学に学ぶ人々へ』（海鳥社、二〇〇二年）

II

歴史の中で大学の今を考える

〈1〉 改革課題

1　日本の大学——歴史と改革課題——

はじめに——強いられる激動

「大学」「大学教授」——こういう言葉が日本で多少とも尊敬のニュアンスを伴って使われていたのは、いつごろまでだったろうか。著者の体験から言えば、一九六〇年代末の「大学紛争」あたりまでだったのではあるまいか。

日本だけでなく、アメリカ、フランス、ドイツ、イギリスなどの国々で大学・教授・学問に対する批判や異議申し立ての嵐が吹き荒れたあの時期、「大学」は、ステューデント・パワーの前に、いやおうなく脆さと無力さをさらしてしまった。「教授」達は管理者としての権力性を糾弾され、「教育」の原罪性も厳しく問われた。医師や裁判官にはその前から激しい社会的批判が投げかけられていたが、大学教授職もあのころから批判される第三のプロフェッションになった。そして近年では、筒井康隆『文学部唯野教授』(一九九〇年)、鷲田小彌太『大学教授になる方法』(一九九一年)、工藤隆『新・坊ちゃん』(一九九六年)などが次々と出て、版を重ねる。大学教授は、もはや批判対象ですらなく、パロディの主役、大学の内部告発のツマでしかないのではないかと思われるほどである。

日本の大学生数は三〇〇万人に近づき、学校数は一〇〇〇校を越えている。正確には四年制大学学生総数二三六万九〇〇〇人、短期大学生総数四七万三〇〇〇人、総計二八四万二〇〇〇人（うち女子学生数九〇万七〇〇〇人）、四年制大学数五七六校、短期大学数五九八校、総数計一一七四校（うち七八％が私学）というのが、一九九六年度の統計数字である（注、二〇〇一年度は四年制六六九校、短大五五九校、計六六九校）。大学・短大進学率（浪人を含む）は男女平均で四七・三％（注、二〇〇一年度は四八・五％）にのぼり、女子だけをとれば四八・九％（注、同四八・五％）になった。戦前の中等教育の量的水準を抜く数字である。

そこに重なったのが、一九九一年七月の文部省令「大学設置基準」改正という衝撃だった（以下「設置基準改正」と記す）。大学の授業科目をこれまでのように一般教育科目・外国語科目・保健体育科目・専門科目などに区分する必要はない。それぞれの大学や学部の目的、特色に沿って自由に組み立ててよい。その代わり、大学は義務として「自己点検・評価」に努めなければならない、という制度になった。卒業に必要な単位一二四単位は変わらないが、どの科目を何単位にするかは大学の裁量に委ねるということにもなった。「一般教育の単位は人文・社会・自然の三分野にわたって各一二単位以上、計三六単位以上取らねばならない」という戦後四十数年続いた束縛も吹き飛んだ。体育理論と実技の必修制もなくなった。

一八歳人口は「設置基準改正」の翌一九九二年に戦後二度目のピークを迎えていた。しかしその翌年の九三年から逓減の一途をたどり始める。二〇一〇年までに、年間二万人から五万人のスピードで減っていく。少子化の激浪が大学を襲うことは避けられない。志願者を獲得するために大学・学部は特色を発揮しなければならない。「設置基準改正」のキーワードだった「個性化」「弾力化」は、いやおうなく大学改革自体のキーワードになった。

個別大学・学部が教員任期制を設けてもよいという法律（「大学の教員等の任期に関する法律」）も、一九九七年六月の国会で成立した。大義名分は、教員人事の流動化・弾力化による「教育研究の活性化」である。「一〇年前のノートを読んで講義する教授がいる」といった社会的非難が、この法律を成立させた。しかしこの制度は、大学教員の身分保障を劇的に崩す危険性をはらんでいる。

日本の大学は大きく揺さぶられている。変貌の最も大きな背景は、高等教育の「大衆化」である。アメリカの大学が一九四〇年代半ばから九〇年代半ばまでの五〇年間に経験した大学生激増の変動を、日本の大学は、ここ二〇年という短い間に経験した。

この章では通史的な記述をとらない。右のような変化と背景を重視しながら、いま最も強く問われているトピックごとに「大学の課題の歴史性」を確かめ、大学の真の改革課題は何かを論じる。大学「教育」の問題とその改革課題は何かを歴史の相のもとに考えることが、この章のテーマである。

1　「教養」の模索

(1) 進むカリキュラム改革

大学が提供する授業科目は専門・教養などの区分をしなくてもよい――「設置基準改正」によるこの改

編で、多くの大学が「教養部」や「一般教育部」の解体に向かった。教養部を解体して教員を各学部に分属させた例、教養部を総合的分野の学部に再編した例など、多数にのぼる。他方、個性や特色を表明するのに最も手っ取り早い方法の一つは、新学部や学科を作ることである。すなわち、スクラップ・アンド・ビルドが各地で進行している。その影響で、カリキュラムの改編が必至となってくる。

文部省の調査では、一九九五（平成七）年度初めの時点で、全国で四二八校の大学が「カリキュラムを改革した」という。中でも国立大学は九三％が「実施済」と答えた。私立でも八〇％がこの作業を行っている。最も多いのは「科目区分見直し」で、三九一大学、「必修・選択の見直し」が三九〇大学、第三位は「単位計算の見直し」である。

「紛争」直後の時点で、大学は、管理運営制度については幾つかの改革を行った。だがカリキュラムについては手つかずというに等しかった。しかし今度は違う。あのときとは比較にならないスピードと規模で、改編が進んでいる。

(2) 大学教育課程の編成権

文部省は、改正大学設置基準の中で「教育課程」という言葉を戦後初めて使用した。第六章が「教育課程」と題されており「大学は、……必要な授業科目を開設し、体系的に教育課程を編成するものとする」（第一九条一項）というように使われている。これまで幼稚園・小・中・高校にだけ使われていた「教育課程」という言葉が大学に関する法令の中に登場したことは、象徴的な意味を持っている。すなわち大学は、大衆化のピークに到達した時点で、みずからの「高等教育機関性」を発揮せよと鋭く迫られているのである。半面、大学・学部・学科は、教育目標や特色・個性を「カリキュラムのあり方」という形で否応なく表現せざるを得なくなったのである。

ところで、カリキュラム編成権は、明治期の初めに日本に大学が発足したときから、大学自治権の一部だった。また帝国大学の学部教授会が慣行としての教員人事権を獲得したのは一九一四（大正三）年のことだったが、「学科課程ニ関スルコト」すなわち教育課程の編成権は、そのずっと前から与えられていた。戦後、学校教育法に「大学には、重要な事項を審議するため教授会を置かなければならない」（第五九条一項）という規定が登場したが、その「重要な事項」の一つは、カリキュラムの編成・決定であった。

教育課程編成権はどこにあるか。この問題は、戦後日本では、小・中・高校の「学習指導要領の法的性格」や「学校自治論」などを争点に、文部省・日教組間の鋭い対立を生んできた。だが大学は、その権限をいわば無傷で付与され続けてきた。その大学が、教育課程編成の実態と識見について新しい問いかけを受けているのである。大学教員は「あなたがたはまじめに大学教育というものを考えたことがあるのですか？」と問い直されている。

(3) 学問史的背景

さらに大きな背景は、大学でカリキュラム化されるべき学問の体系と内容が、二〇〇一年に入った今日、大きく問い直されている点である。

日本に大学が発足した一八八〇年代前後は、西欧社会で近代科学が体系化するとともにその細分化が進行していた時期であった。はやくから講座制を確立して当時世界最高の研究水準を誇っていたのはドイツの大学だったが、その「講座」の単位となったのは、既成の、細分化をとげた専門諸分野であった。

日本の帝国大学（現在の東京大学）に講座制が導入されたのは一八九三（明治二六）年のことで、五つの分科大学（学部）には合計一二五の講座が置かれたが、それらは当時のヨーロッパの学問分類をほぼ正確に反映していた。そもそも講座設置の基盤になった分科大学そのものが、法学・文学・理学・工学・医学・農学というように、一九世紀に完成した近代諸学の分類で成り立っていたのである。この体制は戦後も続いた。少なくとも、一九六〇年代前半あたりまでは、講座が増設される時には、戦前と同じような専門分野が名を連ねていた。

だが、高度経済成長が進み、新しい需要が生まれると、まず工学分野が新しい名称の講座を作ったり学科を再編成した。たとえば造船学・船舶工学は船用機械工学に、応用化学は工業化学や燃料工学になった。次いで、医学分野にも物理学的方法・化学的方法が浸透する。生物化学・医化学・物理化学等々の境界領域（グレンツ・ゲビート）の学問が生まれ、それは講座や学科に組織されるようになった。他方、高度成長が終わるころ生まれてきたのは公害問題であった。これには、既成の学問を束ねただけでは取り組むことができない。複合的に組織された科学、さらには幾つもの境界にまたがる科学が求められ、その芽が出てきた。そして八〇年代には経営政策、環境科学、生命科学などの需要が進んだ。さらに一九九〇年代現在、情報、環境、開発、福祉など、新しい社会的活動と需要とが、新しい学部・学科の設置という回路を経て、大学に大きな変貌をもたらしている。

学問史的な変化と大学の再編との間の関係は、もちろんすべて整合的なものではない。学生集めのために、あるいは予算獲得のために名称の新規さを競う、という経営主義的あるいは便宜主義的な動機が働いているのも、もちろん否定できない。しかし、マクロに見れば、一九世紀型の学問分類が有効性を失いつつあり、大学も社会も、新しい学問分野の導入と創造、そしてそのための教育の体制を整えなければならなくなっている。それが大学の教育課程の変化に底深い影響を与えつつある。

(4) 求められる新しい教養

今後大学が自主的に、すなわち自己責任を持って、英知を結集しながらカリキュラム改革を進めていく場合に、どのような視点が必要だろうか。

第一は、大学のカリキュラムを通じて形成される人間像について、新しい考え方を確認しておくことである。

戦後新制大学のカリキュラムは、一九四七年前後の大学改革の時期に作られた。占領軍の強い内面指導のもとに結成された大学基準協会(現在の財団法人大学基準協会)が、大学学長達の努力によって「大学基準」を制定した(一九四七年)。これに従って「一般教育課程」がすべての新制大学の中に作られた。大学は学部専門教育のほかに一般教育を必ず実施しなければならない、それは大学の前期教育課程に相当する、保健体育科目も必修とし、外国語科目も設けなければならない、という制度であった。こうしたカリキュラムが暗々裡に予想していた目標は「教養ある専門人」をつくるということではなかったろうか。戦前日本の高等教育はあまりに早くから専門教育に傾斜して一般教育をなおざりにしてきた、という合衆国対日教育使節団報告書(一九四六年)の指摘も、大きく影響していた。

だが半世紀後の今日、この教育目標は修正を迫られている。高校修了後の青年達を迎える大学の四年間の教育の目標は「専門性に立つ新しい教養人」を作る、と反転させつつ組み替えられなければならない。「専門人」を作るというには四年間はあまりに短かすぎ、また半世紀前の日本ではほとんどカウントされなかった大学院の比重がきわめて大きくなってきたからである。この目標は大学院に任せてよい。むしろ大学は、生涯をかけてみずから学ぶ能力を身につけ、その基礎となる専門学識を獲得しつつも、しかし卒業までに新しい現代的教養にふれた新しい時代の「教養人」の育成こそめざすべきではあるまいか。それは一九九二年以後の教養部解体の趨勢と全く逆に、大学における教養教育を強化し、それをカリキュラムの中に広く浸透させることを要請する教育目標である。

第二に、ではその新しい「教養」の中身には何を考えればよいだろうか。

勤務大学でのカリキュラム改革作業に参加しながら著者が考えるのは、半世紀前の大学改革の際に不可視であった左のような領域に関する授業科目を新設ないし拡充すべきではないかということである。

第一は「環境」である。七〇年代以降の公害問題への社会的自覚、「共生」をキー概念とした自然と人間の新しい関係の模索など、この領域は二一世紀に向けての人類的課題と結びつく重要な教養の一部である。第二は「生命」である。バイオ・サイエンスの驚異的発展、遺伝子工学の進展など、人間の生命に関わる諸科学の発展は、その社会的適用の問題を通じて、今や倫理の問題にまでつながっている。第三には「人権」である。半世紀前まで、たとえば基本的人権に関する知見は、日本人にとってまだ新概念であり実現すべき政治的理念というにすぎなかった。だが半世紀後の今日、人権概念とそのカバーする範囲ははるかに深く広いものになっている。女性、子ども、少数民族、障害者、社会的差別問題など、広大な分野で、この五〇年間に深められてきた人権理解は、大学の重要な教養教育内容となりうる。第四は「宇宙」である。半世紀前の誰が現在のような宇宙開発の発展を予想しただろうか。軍事的必要性にも支えられながら、宇宙機器の開発と情報科学の進展がこの発展をもたらした。その結果私達の前に見えてきた新しい宇宙像は、哲学的さらには神学的な境界にまで踏み込むものになっている。

環境、生命、人権、宇宙。この四つの領域を取り込んだ科目群を豊かに用意する。このようなカリキュラム像を現代の教養教育創造の指標とすることはできないだろうか（本書I－1参照）。

(5) 外国語教育の問題

さらに残る重大課題は、大学の外国語教育の改革である。

大学新入生の圧倒的多数は、少なくとも六年間の英語学習を経ている。だが新制大学発足以来これまでの五〇年間、大学で一体どのような英語教育が望ましいか真剣に考えられたことはきわめて稀だった。事情はドイツ語、フランス語、中国語、スペイン語などの初習言語でも似たようなものだったといってよい。何のための外国語学習か（目的論）、どのような方法で教授すべきか（教授論）、何をテキストに選ぶべきか(教材論)、どのように評価するか(評価論)、教師はどのように養成されたらよいか(教師養成論)。これらのすべてについて、大学の外国語教育ほど研究と開発がなおざりにされてきた分野はなかった。

日本の外国語教育は幕末のオランダ語教育から始まり、明治維新後は英語教育の全国的拡大が始まった。自由民権期にはフランス語の学習熱が高まったこともあったが、内閣制度発足の前あたりからはドイツ語の比重が増し、二〇世紀に入るころには「英・独・仏」三カ国語のうち少なくとも二カ国語の読解力を持つことが知識階級に属することの証明になった。ただしこの能力を期待されたのはもっぱら男子青年である。戦前では、女性の外国語能力に対する期待は、はるかに低かった。

男子青年達がエリート・知識階級になるための最高のルートは、旧制中学卒業後に進学した旧制高校である。一八八六(明治一九)年に高等中学校という名で創設されたこの学校は、日清戦争中に高等学校という名に変わり、二〇世紀に入るころには、男子青年のための代表的エリート教育機関になる。卒業生は原則として無試験で帝国大学へ進学できた。この学校が最も高い比重で教授していたのが「英・独・仏」の外国語である。全時期を通じて週時間の四〇－六〇％が英・独または英・仏の時間に当てられていた。そしてこの語学学習は、同時に旧制高校生の教養教育そのものでもあったのである。

もともと、戦前日本の高等教育で外国語教育が重視されたのは、欧米諸国の科学・文化の「受容」のためであった。すべての専門書が「英・独・仏」で書かれている以上、それを読みこなすことが受容の必須条件だった。キャッチ・アップのための外国語学習。それは「読解」「解釈」に始まり、それで終わった。

新制大学が発足したとき、外国語教育が軽視されたのではない。旧制高校ほどの比重ではなかったが、大学基準協会が定めた「大学基準」は、一般教育課程の中でそれなりに外国語教育が展開されるよう求めていた。だがその内容や方法は果たして旧制高校のままでいいのか、そもそも言語教育と教養教育の異同は何か、本当は厳しく問い直されてしかるべきだった。しかしそのチャンスは失われたままに過ぎたのだった。今問われているのはこの外国語教育の総体である。文化発信のための外国語能力をどうつけるか。異文化理解の能力は、どのような外国語教授法の中で育つのか。ネイティブ・スピーカーによる言語教育の効用と限界は何か。すべて今後の研究が待たれる問題である。現在、日本で、外国語教育の改革に積極的に取り組んでいる大学の数とその重要性に気づいていない大学の数との差は大きい。しかし、大学の教育責任を明らかにする改革目標の一つが、このテーマである。

2　問われる大学制度

大学の中には、教育・研究・管理運営・財政などについてのさまざまなシステムが組み込まれている。学部、大学院、学位、講座、教授会、評議会、理事会、評議員会、概算要求、財政。これらの言葉は、どれも下に「制度」という言葉をつけ加えると、大学を外から現に動かしているシステムを表わす言葉となる。なぜならば、これらは学校教育法を中心とする教育関係法およびその他の法令を根拠にして成り立っているからである。そのことは、現代日本の大学が中世ヨーロッパの大学のように単に任意に作られた団体ではなく、公法の支配下に置かれた教育・研究組織であるという事実を端的に語っている。これらを今仮りに「外からのシステム」と呼んでおこう。

一方、大学には、学期、単位、評価、試験、入学、進学、卒業、修了、学生処分といったものもある。下に「制度」をつければ教育と研究を運営するシステムを表わす点は、先の言葉と同じである。ただしこれらの制度は法令だけが規定しているのではない。それをどうするかを、各大学が決定することができる。すなわち、大学の裁量権によって大なり小なり左右することのできる制度である。これらを「内なるシステム」と呼んでおこう。

今、日本の大学はこの双方のシステムを総点検することを迫られている。これまで当然と考えてきた仕組みを考え直すことが求められている。

(1) 学部という制度

「外からのシステム」の中で最も大きなものは、学部と大学院である。学部の中には学科、課程、コースといった細分化された組織がある。大学院には研究科があり、その下に専攻、専修コースなどがある。修士課程、博士課程という課程制度は学位制度と結びついている。

これらの中で、とくに現在再検討を迫られているのが、「学部」である。

現在の大学ができたとき、学校教育法は「大学には数個の学部を置くことを常例とする。ただし、特別の必要がある場合においては、単に一個の学部を置くものを大学とすることができる」(第五三条)と定めた。「常例」とは「原則」というのに近いが、「場合によっては、その例によらないことも可能である」という、より緩やかな用語である。この規定が一九四七年に作られたとき、日本の立法責任者は「大学は複数学部を置く総合大学であることを原則とする。ただし、必ずしもそれに縛られる必要はない。ただ一つの学部を置く場合でも、大学と称することは可能である」という方針を持っていたのだった。ただし「大学の基本組織は学部である」というのが、その大前提となる原則だった。そしてここにいう学部とは、大正期に官・公・私立大学に確立された組織だった。

明治以後の歴史を振り返ると、「学部」の歴史は錯綜している。

学部という言葉が最初に現われたのは、一八七七（明治一〇）年に文部省が東京大学を創設したときだった。法学部、文学部、理学部、医学部の四学部ができた。ただしこのときの「学部」は今の学部とは全く違っていた。たしかに教員と学生が所属する組織ではあったが、学内では「部」と呼ばれていた。学部長に当たる職はなく、「法理文三学部」といった一くくりの呼び名も通用していた。つまりこの学部というのは学「部」のことであり、その「部」とは、文部省の一部である東京大学に法学や理学などの専門教育を行う「部局」を置いた、という意味だった。「部」とは、官庁の局ないし部課のことだったのである。

一八八六（明治一九）年に帝国大学ができ、東京大学がこの名に変わると、新機関としての大学院と並んで「分科大学」が作られる。法科大学、医科大学、農科大学等の六つの分科大学ができた。この分科大学制度が欧米大学の何をモデルにしたかは、はっきりしない。ただし東京大学時代の学部とは違って非常に独立性が強く、のちの学部長に当たる分科大学長も持っていた。ただし、大学院はこれとまた別の独立した組織であり、分科大学と並列していた。その分科大学は学問研究の成果を「教授」するところだ、というのが帝国大学令の定めだった。

大正期の半ば、正確には一九一八（大正七）年に大学令が施行され、帝国大学だけでなく官立単科大学、公立大学、私立大学が「大学」として認められた。このときすべての大学に同時に取り入れられたのが、新しい「学部」制度だった。この学部は、かつての東京大学のものとは違っていた。

まず、学部は教授会を持つことが確認された。帝国大学分科大学は早くから教授会を持っていたが、それを官・公・私立全大学に及ぼすということになったのである。また、この学部は、その上に「研究科」を必ず設置すること、という定めになった。研究科が同一大学に複数ある場合にかぎって、大学院と呼んでもよい。したがって、学部が一つしかない大学には大学院はなくてもよく、学部付設の研究科だけがあればよい。つまり大学院の制度的位置は大いに下落し、学部が大学という組織の中心だということになったのである。

研究科を付設しなければ学部とは言えないということは、学部が単に教授だけを行う場所ではなく、研究者の養成と研究作業を併せ行う場所だ、という考え方を表わしていた。学部は当然教授会を置くものだという判断は、大学の管理運営の主体に学部教授会が加わることを政府が認めたことを意味した。こうして、専門領域の研究者養成、研究、教授、管理運営という四つの重要機能を集中的に担うのが学部というものだ、という制度になったのである。仮りにこれを「学部本体主義の大学制度」と呼んでおこう。戦後の学校教育法に引き継がれたのは、この主義であった。

この制度の根底には、濃厚なドイツ大学制度の影響があった。同じ専門分野の教師集団と同時に大学の中の専門組織（学部）を、意識的にファクルテート（Fakultät）と呼ぶというのは、近世末のドイツの大学で起きたことだった。これは一九世紀に大西洋をわたってアメリカの大学に移入され、総合大学の中の教師集団はファカルティー（faculty）と呼ばれるようになった。教師集団と大学の制度的組織とを重ねてファクルテートあるいはファカルティーと呼ぶようになった背景には、国家権力や理事会に対抗して大学教員の研究の自由と教授の自由とを守ろうとする動向があった。他方、一九世紀初め、ドイツ・プロイセン州の首都ベルリンにフリードリッヒ・ヴィルヘルム三世が創設したベルリン大学は、その理念を「研究と教育の統一」「教授の自由と学問研究の自由」に置いた。また哲学を中心とする学問の「総合性」の理念を掲げた。大正期の日本の学術リーダー達が全面的に摂取したのは、このようなドイツの大学の制度と理念だった。

もちろんその背景には、大正デモクラシーの思想があった。また分科大学という組織が名目上は教育機関にしかすぎないという事態への抵抗もあった。大学を政府からこれまでより一層独立させたいという大学人の考えもあった。それらが一体となり、学部本体主義、総合大学中心主義、教授会自治の性格を持つ大学制度が、一九一〇年代の終わりに日本にも取り入れられたのである。この時の大学令には「大学ニハ数個ノ学部ヲ置クヲ常例トス　但シ特別ノ必要アル場合ニ於テハ単ニ一個ノ学部ヲ置クモノヲ以テ一大学ト為スコトヲ得」（第二条）という条文があった。前に引用した学校教育法の条文と瓜二つである。いや逆に、戦後の大学法制度は、大正期の制度をそのまま継承したものだったのである。

ただし、新制大学の学部教授会には、戦前では慣行にすぎなかった重要な権限が加えられた。教員人事権である。教授会が審議する「重要な事項」(学校教育法、第五九条一項)には教員の任免、昇任等に関する権限が含まれることになり、教育公務員特例法(一九四九年)はそれを附則の形で補完し、公立大学、私立大学、および短期大学の大部分にも拡大した。占領期を含めて戦後幾度か「大学管理法」を作れという政府側の意図と大学側の反対運動とが衝突したことがあったが、その際の最大の争点はこの教員人事権の帰趨であった。しかし現在のところ、日本の大学の学部教授会は、この権限を失ってはいない。

(2) 問われる「学部」

以上のような歴史を経てきた学部のあり方が、今問われている。「あり方」とは、制度の編成の仕方だけのことではない。大学人が「学部」というものを捉える意識や心性のありようを含めてのものである。

まず克服しなければならないのは、学部セクショナリズムである。学部はこれまでも専門領域の「カリキュラム編成」という重要な権限を委ねられ、その役割を果たしてきた。だが、先に述べたように、今や日本の大学は教養教育や言語教育を含めて、大学の全教育課程にまたがる有機的なカリキュラムを創造していく必要に迫られている。この課題に大学が取り組むときに、学部名称が示すかぎりでの専門領域のカリキュラム作りにだけ専念していたのでは、とうてい新しい教育課程の創造はできない。また教養教育や言語教育の改革・創造と自分の学部の教育改革とが無縁であると考えることも許されない。要するに、現代のカリキュラム改革という作業が持つ全学的性格・総合作業的性格と学部のセクショナリズムとは両立しない。これをどのように調和させ、総合するかは大きな課題であり、大学の力量にかかっている。

次に重要なのは、教員の帰属意識をどのように変革するかという課題である。歴史が語るように、学部（教授会）はたしかに大学教員の身分保障の砦であった。このこともあって、何らかの学部（あるいは研究所・センター等）に所属しない教員はいないというのが、大学の組織原則である。いきおい、個々の教員は、学部等の組織にだけ帰属意識を持つということになりやすい。しかしこれでは今後大学を運営できない。教養教育や言語教育を教養部や教養学部にだけ任せてきたのが、戦後一般教育を空洞化させてきた一因であった。これを克服するためには、教員の間に、学部への帰属意識に加えて、カリキュラムに責任を持つ組織への帰属意識を自覚し、育てていくことが不可欠である。ファカルティーへの帰属意識と、カリキュラム運営に当たる組織（アメリカ風に言えばデパートメントと言ってもよい）への帰属意識とを併せ持つこと、すなわち「帰属意識の多重化」という課題が、教員にとって今後ますます重要となろう。

最後は、卒業までの教育課程をどのように呼ぶか、という問題である。大学関係者以外には分かりづらいことかもしれないが、これまで大学の教育を呼ぶ際には「学部教育」という言葉が使われてきた。「大学院教育」と区別する意味で使われ始めたのであろう。しかしこの言葉は同時に「学部専門教育」という意味も持っている点が、問題である。この言葉が慣用されたために、四年制大学において学生が卒業するまでの四年間の教育はすべて「学部専門教育」であるかのような観念が教職員・学生の間に成立し、専門教育がメジャーであって教養教育や言語教育等はマイナーなものだ、と見る慣習を育ててきた。しかしその観念は従来においても幻想だった。まして今後、大学教育がそのようなものであってはならないことは、これまで見てきた通りである。学部段階の教育すなわち一年次から四年次までの教育を指すときには「学士課程教育」あるいは英語の「アンダー・グラジュエート教育」(卒業までの教育)と呼ぶことを慣用化しなければならない。それは先に述べた学部セクショナリズムの打破という課題につらなる実践の一つである。

(3) 大学院とその教育制度

学士課程教育の上には大学院の教育がくる。現在進行している政策は、大学院学生数の拡大と「大学院重点大学」の設置である。この他、独立大学院の設置が十数年前から進んでいる。大学院の変革は、現代日本の大学制度変革の中で最大のものである。

もともと、大学院という制度は、戦後五〇年間に変わっただけでなく、戦前から戦後にかけて最も大きく変わったものの一つであった。

学部の歴史でふれてきたように、帝国大学は、大学院・分科大学並立主義のシステムをとった。大正期の大学令は大学院を学部に従属させた。この流れを大きく変えたのは占領軍の指導である。アメリカは一九世紀末以来ドイツの大学の影響のもとで、大学院(グラジュエート・コース、グラジュエート・スクール)の制度を大いに発展させ、二〇世紀に入ると、医学・法学・経営学・工学・神学などの専門職業教育やすべての分野の研究者養成の機能を大学院に委ねる、という体制を確立していた。このようなアメリカの背景から見れば、制度も確立せず、カリキュラムもなく、学位が取れるかどうかもわからないという旧制大学の大学院や研究科は、いかにも未定型・貧弱なものに見えたことだろう。占領軍は修士学位を導入するように指導し、修士課程と博士課程を持った「スクーリングを備えた大学院」を作るように日本側に働きかけた。こうして、新制大学院は、まず一九五二年から私立大学に修士課程大学院が発足し、続いて五三年には国立大学でも発足した。とくに国立大学大学院は、予算も講じられない貧弱な条件のもとに発足したが、ともかくも高度経済成長の期間、新制大学の教員供給に大きな役割を果たした。

(4) 戦後の二度の改革

その後、大学院制度が大きく変化したのは一九七〇年代に入ってからである。

一九七三年、文部省は省令「大学院設置基準」を制定した。①大学院は博士課程一本で五年間で編成する課程を本体とし、修士課程と区別する、②博士課程の教育目標を「自立した研究能力の育成」に置く。従来のように「独創的研究により学界に新たな知見を加える」とか「研究指導能力を持つ」といった高度すぎる目標を排する、③博士課程では学位論文完成のための研究指導を主体として、単位制度を廃止する、④諸専門学の博士のほかに専門にとらわれない「学術博士」号を新設する、といった画期的な変革を表明したものであった。日本では博士号が取れない、というアジア諸国からの批判や修士課程を高度職業教育機関化せよという産業界の要求が背景にあった。

次に加えられた大きな変化が、一九九一年の省令改正によるものである。第一に、学位の類別が学士、修士、博士の三種類になった。それまでは単なる称号にすぎなかった学士は、学位の一つになった。取得単位を合わせれば学位がもらえる仕組みになり、学位授与の統一化のもとに「学位授与機構」が生まれた。第二に、「法学修士」や「理学博士」といった専攻名が学位の種類から消えた。学士、修士、博士という三種類だけが、日本の学位になった。学位制度の驚くべき簡素化である。この変化は、学位取得をますます容易にする。つまり戦前から長く続いてきた「博士」の社会的威信を切り崩し、大学院修了と学位取得の間の距離を縮めるという方針の現われである。見方を変えれば、学位取得と大学院教育課程の修了すなわちスクーリングとを一致させる、という戦後導入されたアメリカ型新制大学院の制度構造は、ようやく四〇年後に定着したと言える。

ところで、大学院にからんで今後残る政策的課題は、第一に、旧帝大系大学を中心に大学院重点大学が拡大する中で、大学相互の財政的格差すなわち研究・教育条件の格差が拡大することを防ぐことである。第二に、大学院を社会人・留学生に開放するという課題を推進することである。大学院の拡大再編は、今後の日本の高等教育制度改編の大きな焦点になることであろう。

しかし大学院のあり方を教育的視角のもとに考えてみると、実は無限の問題があることに気づく。中でも、大学院の研究指導や教育がどうあるべきかについては、学生達からの告発や問題指摘はあっても、教員側からの考察は皆無に近い。学生達がオリジナルな研究主体として育っていくためには、専門分野ごとにどのような物的・精神的環境が必要なのか、それは修士課程と博士課程ではどのように違うのか。社会人入学の拡大や留学生の受け入れ増加をはかる大学院は少なくないが、それらのメンバーへの研究指導とそれ以外の「一般大学院生」への指導とはどう区別されるべきか、あるいは区別しなくてもいいのか。こうした問題について共有の知見は日本にはまだない、というのが実情である。学部段階の教育論もようやく生まれつつあるところだが、大学院教育論は、まだ薄明の中にあると言ってよい。

(5) 大学教育に関連する諸制度

これまでは「外からのシステム」に重点を置いて論じてきた。しかし、大学教育改革と連動して、大学の教育と研究に直接に接するさまざまな「内なるシステム」を再検討することが求められている。

多くの大学の講義や演習はこれまで一年単位だったが、これでいいか？　アメリカやその他の国々で取られているように、半年あるいは四カ月を単位にしてそれを積み上げるという方式のほうがいいのではないか？　ここから、いわゆるセメスター制（六カ月あるいは四カ月単位の学期制度）の採用が論じられている。この数年の間に、この制度をとる大学・学部が著しく増加してきた。また大学の講義内容を学生にあらかじめ詳しく知らせ、科目選択に役立たせるように配慮すべきではないか。この講義予告（あるいはそのための文書）はシラバスと呼ばれるが、欧米の大学ではきわめて詳細に作られて学生に配布される。週ごとあるいは時間ごとの内容、テキスト、参考文献、さらには試験の方法や評価の方法まで記されている。日本の大学でもこれを充実させるべきではないか。この考えもかなり浸透し、詳細なシラバスを作る大学が増えている。また、科目ごとの単位数は講義、実習・実験等々の区別に従って定められているが、それを大学・学部ごとに定めることはできないか。これはすでに大学設置基準によって可能となっているが、各大学で工夫が進められていくだろう。

国立大学とくに旧制帝国大学だった大学で取られてきた講座制は、長らく大学の研究体制の硬直化の元凶と見られてきた。だがこれを撤廃すれば、大学組織に専門性を生かす原理が立たなくなる。そこで、最近普及してきたのが「大講座制」という方式である。従来の細分化した専攻分野ではなく、ぐっと広い専門領域を設定し、それに応じた教官定員を配置する。ただし、その一人一人の専門は研究や教育の必要に応じて時宜により変更・設定することができ、また、教授・助教授の定員も弾力的に使うことができるという制度である。この制度の採用によって、時々の研究・教育の必要に柔軟に対応できるようになった大学・学部も多い。

これまであげてきた諸システムは、先にも述べたように、大学の教育と研究に直接に接している。一年間通じての講義制度のように、明治以来の歴史を持つシステムもある。それを変えることがよいか、続けるべきかといった問題は、文字通り各大学・学部の裁量にかかっている。日本の大学が今、これらの制度のあり方を真剣にかつ主体的に考えざるを得なくなっていることは確かである。各大学・学部がどのような裁量を下すかは、大学の改革意思の質と内容にかかっている。

3　マクロな状況と大学の位置

これまで大学にはどのような変革が求められるようになったかを見てきた。だが、それらをもたらした背景には、大学を取り巻く、さらに大きな変動がある。ここでは、教育変動、産業界の要求の変化、自治と自由の問題という三つの点にしぼって、考察しておこう。

(1) 高等教育の大衆化、中等教育の普遍化

先に触れたように、日本の大学は、急速なピッチで大衆化の道を歩いてきた。高等教育の類型を、「貴族主義的」「エリート主義的」「大衆的」「普遍的」の四つの型に分類して見せたアメリカの社会学者M・トロウが、日本の高等教育は大衆的な段階から普遍的段階へのステップにあると評したのはもう二〇年以上も前のことであった。さらに、一九七九年に中卒者の高等学校進学率は九〇%を越え、その翌年には九五%を越えた。すなわち、普遍的中等教育が成立し、その上に大衆的高等教育が載る、という事態は、ずっと早くから成立していたのである。

第一節および二節で述べてきたような改革課題を日本の大学が負っているということは、裏を返せば、この二〇年間にその課題の認識の程度がいかにも浅かったことに大きな原因がある。たとえば多くの私学経営者が回想するように、一九九〇年代初めまでの私学は、一八歳人口の増加が続いたため、常に「右肩上り」の受験生を抱え、大学の内部条件の改善に努力しないでも過ごすことができた。現在、大学が内部改革とくに教育改革に迫られているのは、一八歳人口減、自己点検活動の義務化や社会的批判の激化、行政改革や私学補助の停滞といった外からのインパクトもさることながら、大学が当然に負うべき教育機関としての改善・充実を怠ってきたことによるところが大きい。

この意味で、日本の大学の教育機関としての充実は、ようやく始まったばかりと言ってよい。もとも

と、戦後新制大学が生まれたとき、それは大学に進学することを許された多数の青年に学問への機会を保障する、という新しい高等教育の制度を選び取ったことを意味したはずである。言い換えれば、あのとき日本はエリート主義の大学制度に決別し、大衆に向かって開かれた高等教育制度を採用した。その原点が今、目の前に現われて、大学関係者を促しているのである。

ただし、今後求められる大学教育機会の開放が、五〇年前の構想の単なる延長であってよいわけではない。新しい視点として今後最も大切なのは、高等教育の機会を、個人の生涯の全時期にわたって開放すること、すなわち、大学が日本人の生涯にわたる学習の機会を提供するよう変革されることである。現在一部の大学で試行的に、また半ばは政策的に進められている「社会人入学」の制度が大学自身の常識となることは、その第一である。

また一方、大学における学習の体験がその後の生涯にわたる継続的学習の基礎となるように、大学教育を変革することが第二である。言い換えれば、「自学」の方法と姿勢の獲得は新しい教養の一部である、という教養観を構築することが求められるのである。

(2)　産業界の教養要求

大学の教育課程が大きな変革を迫られている直接の背景には、教養そのものの内実がどうあったらよいか、という〈時代の問い〉があると見なければならない。この問いをある意味で最も切実に表現しているのは産業界である。

一九九四年から九六年にかけて経済同友会・日本経営者団体連盟(日経連)は、大学教育に対する注文を相次いで発表した。経済同友会は、偏差値重視の教育体制を批判し、大学組織の弾力化を強調した。とくに「決断力」の必要性を強調している。大学の教養教育との関わりで注目を引くのは日経連教育特別委員会の報告書『新時代に挑戦する大学教育と企業の対応』(一九九五年四月)である。

この報告書は、現在の日本の「普遍的教育課題」は「文科系・理科系を問わず何と言っても『人間形成の教育』である」と言う。その上で、「新時代に求められる多様な人材像」として次の五種をあげる。「人間性豊かな構想力のある人材」「独創性・創造性のある人材」「問題発見・解決能力を有する人材」「グローバリゼーションに対応できる人材」「リーダーシップを有する人材」。

このリストは私達を驚かせずにはいない。なぜならここに掲げられている理想の人材こそ、戦後の教育理論・運動の中で求められ続けてきたものばかりだからである。「人間性のある子どもを育てよう」「自分で考え、問題を見つけ出し、解決する手だてを考える子どもを育てよう」。このように願わなかった教師はいない。今、その同じ理想を経済団体が発しているのである。「グローバリゼーション」は、国際化時代における感性と理解力を、「リーダーシップ」は、広い意味での人間的実力への要請を意味する。それらもまた、教室で、学校で、戦後日本の良心的な教師達が育てたいと願い続けてきたものであった。

このような理想的人間像の育成に反した教育をもたらした要因には、もちろん教育の自由を統制し続けてきた戦後日本教育行政の長い歴史があった。一方、今になって右のように要求してきた産業界そのものも、高度経済成長期に能力主義的教育政策を支え、有名大学卒業の人材だけを要求してきた。日経連の教育要求は、少なくとも七〇年代までは「大学は専門教育を充実せよ」ということだけであった。にもかかわらず、今になって右のような要望を突きつけている。その無責任と厚顔を批判するのはたやすい。だが、静かに考えれば、こうした要求の背後には経済界の危機感がある。

二一世紀の経済活動は地球規模のものたらざるを得ない。その中で、国際政治や社会問題の自覚もない社員が開拓的な経済活動を展開できるのか、任地の人々がどのような宗教を持っているかも分からない駐在員で果たして営業活動ができるのが、理系だけの狭い教養しかない技術者が育つ中で創造的研究を誰に期待したらいいのか。具体的には、こうした世紀末の危機感が、この大転回の背後にある。そこから大学の新しい教養教育への期待が噴き出していると見ることができよう。今、このような産業界の要求を全面的に否定するのではなく、むしろその中からも今後の大学教育の目標を選び出す、という知恵が求められている。

(3) 大学の自由と独立・自治

「大学の自治」は学部教授会の自治とイコールである、という考え方は「紛争」の時期に激しい批判の対象となり、昔の形を残してはいない。

「親方日の丸」といった言葉でしばしば財政依存の体質を批判される国立大学は、今のところ大蔵(財務)省に対する文部省の概算要求の原案作成への参加権だけしか持ってはいない(ただし、独立法人化が実現すれば、「中期目標」の立案権とその達成度への被評価制度がこれに代わることになろう)。私立大学は少なくとも運営資金の六〇％以上を学生納付金に頼ることしかできず、国庫補助への依存可能性は極めて低い。すなわち日本の大学は、財政自主権という観点から見れば、ゼロに近い自治権しか持っていない。この事情は、戦前戦後を通じて同じであった。

他方、最近の事情を見れば、冒頭に記したように大学・大学教授への社会的威信は低下の一途をたどっている。そもそもこれまで記した一九九一年以降の大学の変貌も、大学の自発的意思に発したのではなく、行政機関である文部省が出した幾通かの省令によって引き起こされたものである。

このような実態が広く知られた今、国家行財政からの「大学の自治」やより抽象的な意味での「大学の自由」を論じること自体、きわめてむなしいことに思われるのもまた無理はない。だが、そのことにだけ目を向けて、大学自治の虚妄、自由の不在のみを強調するのは、また別の意味で現実的ではない。そもそも現代の大学には「自由」や「自治」は皆無なのか。

この問いに答えるためには、二重の思考が必要である。

第一に、大学の自由・自治の現在をリアルな目で検討することである。たとえば人事権について見よう。これまで述べたように、大学はなお教授会による教員人事権を保障されている。教員任期制法案が「大学・学部等による選択的任期制」という形にとどまらざるを得なかったのは、そのためである。またカリキュラム編成権についてはたびたび触れてきた。

学位に関する審査権と授与権も、行政機関にではなく大学あるいは研究機関にある。またほとんどの大学は、学部長、学長等管理者の選挙制度を持っており、国立大学でその手続きを不備として文部大臣等の任命権者が大学の選挙結果等を無視したときは、それとして「事件」となる（以上のシステムも、独立行政法人化の動向いかんによっては大きく変わる可能性がある）。この他、学生の入学・退学・卒業に関する判定権や不正行為等への学生処分権などはほとんど教授会の手中にある。このように見ると、大学が有している自治権は、無限ではないが決して皆無ではないのであり、会社、官庁等の他の組織が持つことのできない特殊な権限がまだまだ多いことに気づくのである。

このような権限は、大学が歴史とともに勝ち取ってきたものであり、大学は公正・賢明な態度でその行使に当たるとともに、惜しみなくこれを擁護してゆくべきものである。

第二に重要なのは、現代における自由・自治への対立物を見極め、それに対応する方策を考えてゆくことである。

戦前期の日本を通じてもっぱら問題となったのは、個別大学の自治権と政府・文部省あるいは軍部・司法当局の権限との関係であり、その多くが教員人事権あるいは管理職者の選挙権であったことは、周知の通りである。しかし現在さらに大きな問題として浮かび上がるのは、第一に先にもふれた大学の財政自主権の不在であり、第二に、政府の高等教育計画策定作業と大学全体の自主的決定権能との葛藤である。いずれも、簡単な解決は難しい。

前者については、国立大学協会、日本学術会議等の団体がいくたびか要望書をまとめている。イギリスその他の国にモデルがないわけではない。国立大学の運営に大きな支障となっている単年度主義の予算策定方式に代わる適切な方式がないかといった問題を中心として、今後の取り組みが必要である。

後者の問題は、高等教育政策・大学政策の策定主体のあり方に大きく依存している。臨時教育審議会の答申（一九八七年）以来、大学審議会は、大学政策に関して新しい局面を開くかと期待された審議会であった。しかし最近の答申等を見るかぎり、大学運営機関の権限強化、教員任期制の採用提案等を次々に打ち出しており、果たして大学の総意に立脚した提言主体であるか否か、大いに疑問を呈せざるを得ない。

かつて民間の専門団体として大学基準協会が発足したとき、その創立総会で当時の会長和田小六（当時東京工業大学学長）は、今後自分達のめざすところは「個別大学の自治」を超えて「大学連合体の自治」を築き上げることにある、という注目すべき講演を行った。この言葉は、現在改めて思い起こしてよい。国立大学総体、公立大学総体、私立大学総体、短期大学総体、さらに大学総体の意見を代表しうる組織は、現在日本に確実に存在する。いずれも戦後の改革期に作り出されたものであった。また、科学政策に関わる日本学術会議もそのひとつである。これらの団体の意向が大学政策・科学政策に総合され組織されるとき、初めて二一世紀日本の大学の未来が見えてくるのではあるまいか。

〈参考文献について〉

本章のテーマは多岐にわたる。注をつければ煩雑なものになるのですべて省略した。その代わり、日本の大学の歴史と改革の課題をさらに深く考えてみようと思われる読者のために、主要な基本参考文献を記しておこう〔注、一九九八年現在〕。

近代日本の大学・高等教育の歴史に関する最も包括的な通史は国立教育研究所編『日本近代教育百年史』(同研究所、一九七四年)の第三 - 六各巻中の「高等教育編」である。これを簡略にしたものに寺崎・成田克矢編『大学の歴史』(叢書『学校の歴史』第四巻、第一法規、一九七九年)がある。単行本としては天野郁夫『近代日本高等教育研究』(玉川大学出版部、一九八九年)が優れており、刊行時期はやや古いが永井道雄『日本の大学』(中公新書、一九六五年)も簡潔平明な通史である。この他科学研究と教育に重点を置いた関正夫『日本の大学教育改革――歴史・現状・展望』(玉川大学出版部、一九八八年)も参考となる。また戦時下の著作であるが、大久保利謙『日本の大学』(初版一九四三年、玉川大学出版部から一九九七年に復刊)は、古代から大正期に至る日本の大学通史であり、古典的評価を得ている。『東京大学百年史』(全一〇巻)中の「通史」一 - 三巻(東京大学出版会、一九八四 - 八六年)は日本の近代大学制度史を背景に叙述されており、参考となろう。

大学改革のケースを歴史的に検討してみたいという場合は、中山茂『帝国大学の誕生』(中公新書、一九七八年)、潮木守一『京都帝国大学の挑戦』(講談社学術文庫、一九九七年)、寺﨑昌男『プロムナード東京大学史』(東京大学出版会、一九九二年)などがある。

戦後日本の大学改革については、海後宗臣・寺﨑『大学教育』(叢書「戦後日本の教育改革」九、東京大学出版会、一九六九年)が包括的な参考文献である。また一九五〇年代末までの主な大学論・改革論は、寺﨑編『戦後の大学論』(評論社、一九七〇年)という論文集で見ることができる。占領期の大学改革については『大学基準協会十年史』(同協会、一九五七年)が手頃な入門書である。ただしこの分野では近年研究が次々に現れており、土持法一『新制大学の誕生―戦後私立大学政策の展開』(玉川大学出版部、一九九六年)、田中征男『戦後改革と大学基準協会の形成』(エイデル研究所、一九九五年)などで詳しく検討することができる。

近年の大学改革の動向やトピックについてはおびただしい本が出ており、水準もさまざまである。専門家達によるジャーナルとしては一般教育学会(現・大学教育学会)機関誌『一般教育学会誌』『大学教育学会誌』および民主教育協会機関誌『IDE』のバックナンバーが最も信頼できる参考文献である。前者の掲載論文中の主要なものを集めて解説したアンソロジーとして一般教育学会編『大学教育研究の課題――改革動向への批判と提言』(玉川大学出版部、一九九七年)が公刊されていて、課題や動向をつかむのに便利である。

この他、最近のものとして、産経新聞社会部編『大学を問う』(一九九二年)、日垣隆『〈検証〉大学の冒険』(岩波書店、一九九四年)、「二一世紀の自然科学系大学教育に向けて」編集委員会編『大学改革 一一〇の事例と提言』(朝倉書店、一九九四年)、細井克彦『設置基準改訂と大学改革』(つむぎ出版、一九九四年)、青木宗也・示村悦二郎編『大学改革を探る――大学改革に関する全国調査の結果から』(エイデル研究所、一九九六年)、天野郁夫『大学に教育革命を』(有信堂高文社、一九九七年)などがそれぞれの立場から改革動向や問題を語っている。なお苅谷剛彦『アメリカの大学・ニッポンの大学』(玉川大学出版部、一九九二年)は、ティーチング・アシスタント、シラバス、授業評価について示唆に富む紹介書である。

(岩波講座　現代の教育10『変貌する高等教育』一九九八年一〇月)

2 短期大学のこれからを考える——その歴史と精神を通して——

1 短期大学との出会い

(1) 恩師の教え

私はこれまで大学の歴史を勉強してきましたが、短期大学というものについて、昔はきわめて浅い認識しか持っていませんでした。

初めて短期大学のことを考えたのはいつのことだったかと思い浮かべてみますと、一九六〇年代の初めです。そのころ私は東京大学の大学院学生でした。その私に短大というものの値打ちを教えてくださったのは、当時六〇歳を過ぎておられた恩師海後宗臣《かいごときおみ》(東京大学名誉教授、故人)先生でした。『大学教育』(東京大学出版会、一九六九年)という厚い本を私と共著でお書きになった先生です。その先生が初めて私に、短大というものは大事だということを教えて下さったのです。

当時、私は、短期大学は女の子の行くところだ、というくらいの感覚でした。もう一つは、あそこは程度が低いところだ、大学院のドクターコースにいる者の目で見ると、大学になっていないところだというのが、私の当時の印象でした。それに対して海後先生は、戦後の大学改革の歴史をご一緒に書いていく中で、私に教えてくださいました。「君はそういうけれども、もし日本が今から一八年前に短期大学を成立させていなかったら、どうなったと思う」「全国にこれだけ大学ができるということはあり得なかった。また、女子教育、女子教育と君は馬鹿にしたような言い方をするけれども、実はきわめて大事なことで、東京や大阪へ娘さんや息子さんをやれない親がいっぱいいる。しかし、短期大学が設けられることになったために、どういう市町村でも短期大学なら作れるといって学校ができた。そのおかげで、初めて高等学校以上の教育が受けられるようになった人達がいることをどう考えるか」。えらく正面切って、私に問われました。

その後、短期大学の成立の歴史を本当に調べてみましたら、いろいろなことが分かってきて、私もつい一生懸命になって書いたのです。『大学教育』は七章に分かれて六七〇ページの本ですが、短期大学については一〇〇ページ近くを割きました。海後先生は、高等教育機会拡大という面から短期大学が大事なものだと教えて下さった師匠で、あれが、短期大学についての私の最初に得た知見でした。

(2) 二つの短大の見学

その後、数年前ですが、二つの短大をお訪ねするチャンスがありました。それもさっきの本を書いたおかげでした。

一つは高知短期大学で、「女子」とは付いていません。県立高知女子大学に付設された短期大学です。一九五三年以来、夜間課程がだんだん発展して短大になったものです。県がお金を出して維持してきています。私は、そこの創立四〇周年記念式に呼ばれて、話を致しました（『大学教育の創造』《東信堂、一九九九年》という著書の中に収めてあります）。その時、ああ、こういう短大があるのだということに驚かされました。

たとえば、記念式典とシンポジウムは朝からあると思っていたら、夕方五時半から始まりました。五時半からだんだん人が増えてきたのですが、その年代たるやバラバラです。聞いてみなければ大学生かどうか分からないような、いろいろな年齢の方達、高校を出たばっかりと見える男の子、あるいは中年の主婦の方、お年を召した男の方、等々です。私の記念講演の後で、パネルディスカッションにお立ちになった方もさまざまで、たとえば地元テレビの男性キャスターの方（その夫人も卒業生です）、現役のスチュワーデスの方、これも卒業生。それからもう一人は国際的な芸術活動をされている卒業生のご婦人、それに文部省の役人が一人。こういう人達でパネルディスカッションをしました。それが八時半くらいに終わり、どうも皆さんご苦労さま、と言って帰って行く方達を見ると、乗っている自転車の前には買い物かごがあって、大根なんかが入れてある。それを持って、皆さん家へ帰られるのです。私はそれを見て、ずっと昔、海後先生は、たとえばこういう短期大学の姿もあるということを私に言われたかったのだな、と思いました。

もう一つは大阪にある大阪女学院短期大学です。小さなミッションスクールで、一学年三四〇人、学科は英文科だけです。その大学が、七〜八年かけてなさってきた英語教育の改革は素晴らしいものです。三度ほど行って、授業を見、話を聞いたりしたんですが、大変な英語教育の改革を、全学一丸となって進めておられる。全学一丸というのは、非常勤の先生方も含めてです。学生達は、一年生の間はもっぱら発信力を付けるための英語教育をフルに受けています。二年生になると一人ひとりがテーマを持って、そのテーマを幾つか集めたグループができて、たとえば環境問題をやりたい人、貿易摩擦についてやりたいという人、民族紛争をやりたい人、それらが幾つかの研究グループを作り、そこで先生の指導のもとに自分で学んだ語学力と、それから内容の学習と、この二つを溶け込ませて学ぶ、というシステムを取っておられます。その結果どうなったかというと、いわゆる偏差値がすごく高くなって、周りの四年制大学には大きな脅威になっているそうです。大阪一帯の短期大学の中でも、他が全部つぶれてもあそこは残ると言われているそうです。ネイティブの先生方、日本人の先生方、教員、職員、本当に一体となって新しい形の英語を中心にした「総合的学習」を組み立てていることがよく分かります。もう一つの短期大学のあり方を見る思いでした。そこの卒業生達は、京都大学、奈良女子大学、九州大学といった国立大学をはじめいろいろなところへ編入学しているのです。一昨年はハーバード大学に一人進学したと言っておられました。なるほど、短期大学はこういう形で、単に「生き残る」のではなくて、きちんと「存在理由を明らかにできる」のだと、改めて思いました。

この二つが最近あらためて受けた非常に大きい印象です。

(3)「花嫁学校」ということば

ただし、世間の目はどうかといいますと、女子短大は花嫁学校だという印象が強いのです。東大の教育学部長をやっていましたころに、学部長会議で非常に興味深く、かつ、「アカデミック」な議論がありました。

東京大学の医学部には医学科と保健学科があります。その保健学科に短期大学の卒業生を編入させようという案が出ました。原則として短期大学で保健衛生学をやった人が中心ですが、それだけには限らない。ともかく保健学科の人員はこれから増やす必要があるし、指導的看護婦が足りなくなるのは目に見えているから、三年生の編入制度を作ろうという案が医学部から出たのです。その案を受けた総長補佐室の先生が、困惑した顔で、学部長会議で報告をされたのです。「医学部から、二年・三年編入を短期大学から認めたいという案が出ておりますが、皆さんどうお考えですか」と大変心配そうにおっしゃる。どうしてですか、と皆が聞きましたら、「プレス発表をやる時に短期大学から東大が三年編入をすると言ったら問題になりませんかね」と言われるのです。「だって短大と言えば花嫁学校でしょ。そこから東大に編入できるなどと言うと、笑われませんか」。

どういう学生を入れるのかとか、学校を指定するのかとか、いろいろ論議は出たのですが、結論は出ませんでした。わが家の長女は東洋英和女学院短大の英文科を出て企業に勤めているのですが、彼女に、その夜、食事をしながら、「女子短大などというのは花嫁学校だ、と言われたらどんな感じがする?」と聞いたのです。そうしたら、通じませんでした。「花嫁学校って、なに? お嫁さんになって行く学校?」。これが彼女の反問でした。花嫁学校というのは、今や死語なのです。彼女が世間知らずなのかもしれませんが、意味が分からない。花嫁になる前に行く学校と言えば、専修学校、お料理教室、いろいろあるじゃない、などと言って、話が全く通じない。短期大学が花嫁学校だという、私とほぼ同じ世代の男性の総長補佐が持っていた観念は大体その程度で、それは短大の今の実態とも今後の課題ともずいぶんかけ離れていることが、改めて分かりました。もう一度学部長会議で話題になりましたから、「花嫁学校というのは死語ですよ」と言ったら、みんなよく分かってくれて、医学部提案の編入制度は翌年から実現いたしました。

東大の医学部に入るには、理Ⅲと言われる理科三類のコースに合格しなくてはなりません。理Ⅲは、全国予備校の偏差値で七三とか四とか恐ろしく難しいコースです。そういうところにつながる学科を外に開くときに、人々の頭の中に出てくるのは今のような観念です。

あれ以来、私は、短期大学について社会の目を広げていく必要が、短大の側にもあるということを、改めて感じます。

2　大学の大きな苦衷

(1) 一八歳人口の減少

さて、短大が今苦しいことは言うまでもありませんが、大学全体がいま苦しくなっております。サバイバルという言葉が飛び交っています。

学生諸君に時々、大学についての講義を致しますが、大体その時見せるのは、平成四(一九九二)年が

大学・短期大学の規模等の推移

- 18歳人口 ＝ 3年前の中学校卒業者数
- 志願率（高等学校新規卒業者） ＝ 当該年度高等学校卒業者のうち、大学・短期大学へ願書を提出した者の数 ／ 当該年度の高等学校卒業者数 ×100
- 進学率 ＝ 大学・短期大学入学者数（過年度卒業者を含む） ／ 3年前の中学校卒業者数 ×100
- 合格率 ＝ 大学・短期大学入学者数（過年度卒業者を含む） ／ 志願者総数（過年度卒業者を含む） ×100

ピークになっている一八歳人口の表です（前ページ参照）。一八歳人口の戦後の推移は、図のような形になっております。ドンと下がっているのは戦時中に子供の少なかった時代のところです。その後の団塊の時代からやや下がって、もう一度増加に転じ、平成四年がピークになっている。その後は一年間に二万人ないし五万人下がっていって、一番下の谷が来るのが平成二一（二〇〇九）年度と言われています。ここで大きな谷が来る。それからしばらくしてもう一度少し上がり、その先はもっと減ります。平成四年ごろに大学を受けた人達は非常な激戦の中で浪人をし、この浪人の山が、大学へ押し寄せてきましたから、平成六年くらいまでは受験の大競争時代が続いたわけです。しかしその後はご覧の通り、ずっと下がっていきます。

短大・四年制を含めた大学の入学定員は、平成四年あたりからほとんど変わっておりません。平成一六年までは臨時定員の文部科学省への引き上げがあって少し下がるのですが、平成二一（二〇〇九）年で大学志願者数と入学定員数がほとんど一致する時が来ます。つまりそのころには、大学は論理的には入試の必要はない。つまり、相手さえ選ばなければ誰でも大学に行ける「全入」の時代が必ず来るわけです。今よりも大学の入学定員が減ることは制度上、考えられませんから、臨時定員で増えた分を返したら、その状態が必ず来るわけです。全入時代は必ずやって来るということが、目に見えています。どうやってこの時期まで大学の志願者を確保するか、これがサバイバルと言われている当面の問題なのです。

昨年（一九九九年）大阪で伺いましたけれども、大阪地区の女子短大の対前年度比志願率は平均で七〇%に落ちたということでした。平均七〇%ということは二〇%、三〇%ぐらいのところがある。それを聞いたのが二年前です。去年聞いたのは、試験をやったら二〇〇人の入学定員に一五人しか受けに来なかった。一五人受けに来たら、これは大事なお客さんですから全部合格させます。しかし、いざ入学式をやってみたら、誰も来ない。あんな成績で入るようなところに誰が行くものかと、やめてしまう。これも現実に起きている事態です。このグラフのカーブの恐ろしさが、基本にあります。

しかし、これは大学の責任ではありません。大学はどうしようもないことです。

(2) 重要さを加えてきた社会からの評価と恐ろしさ

しかし、これからもう一つ怖くなることがあると思います。何かというと、大学に対する社会的評価、これがどんどん厳しくなる。その厳しさは、二つの方向で出てくると思います。

一つの怖さは、個別の大学について悪いイメージがいったんできると、それが雪だるまのように大きくなって、大学が転げ落ちる時代になるという点です。

もう一つは、高校生を持っている親達、あるいは高校生自身、最近、大学を見る目が実際に変わってきたことです。いろいろなルートを通じて、大学の入口と出口の間の部分を問題にするようになってきました。これは非常に大きい変化です。

私どもが高校生のころ、あそこの大学に行けば熱心に教えてくれるだろうかなどと思うことはあまりありませんでした。たしかにブランドとか格とかは問題にしました。しかし、入った後で自分の能力が伸びるかとか、先生方が熱心に教えてくれるかなどとは思いませんでした。プロセスは問題にしなかった。今は、その点への社会的注目は非常に強い。ですから大学はうっかりできません。たとえば立教大学で高校の進路指導の先生に「外から見た大学改革」というお話を伺ったときのことです。大学が作って高校へ送る「大学案内」に話が及びました。

「大学の先生方はご存じかどうか、生徒達は今、どの大学もそれほど難しくなく行けると分かっています。ですから、今度は、学部、学科、コースの果てまで、実際に何をやるところか、そこの先生達はどういうことを教えてくれるのか、卒業後の行き先はどうかと、学部学科コースの果てまで、きちんと読みます。ところが大学の先生方は、こういうのをお書きになる時に、学者仲間に見せようと思って書いておられるのではないですか。学問論を書いては駄目です。あえて申しますが、大学案内を高校何年生向けに書いておられるのか、疑問です。私どもに言わせれば、高一の子が読めるように書いてもらわなくては困る。高一の子、これが読んで分かるように書かなければいけない。進路はその頃に決まることが多いのです」。

立教大学でもよく見ると学校案内というのはいま批判される通りで、高校生には分からない。各学部とも大いに改善の努力を払いました。高一の子に読めるものということになってくると、文章をやさしくすることはもちろん、大学としては外に出すのが難しかった部分をあえて出して、高校生、その親達、高校の先生達の選択に任せるということが大事になってくるのです。その点でも、今大学は、大変きついことになっているのです。

3　歴史が語る短期大学の精神

(1)「救済」(暫定)という側面

さて、本論である短期大学の問題に移りたいと思います。

およそ六〇%の短大に定員割れが起きている。日本私立学校振興・共済事業団が調べて発表しています。もし平成一六(二〇〇四)年のところで勝ち組と負け組が分かれることになれば、四年制大学のほうが勝ち組に残るのが多いでしょう。そういう点では短大をめぐる状況はとくに厳しいと思います。しかし、難しいと思うからこそ、短大の歴史を振り返ってみなくてはいけないと思います。

お若い方はご存知ないと思いますが、成立を見ますと、有り体に言えば、短期大学の多くは成立期において生き残りのために短期大学制度を欲したという歴史的事実があります。

敗戦直後の一九四五年から四八年あたりにかけて、全国で専門学校を作る動きが起きました。とくに女子専門学校はあちらこちらにできました。新しく認められた婦人の権利を確保するには婦人の高等教育を準備する必要があるという社会的風潮もありましたし、各地に勉強したいという女性達がいたという状態をもとに、女子専門学校を主力とする専門学校ができたのです。日本が戦争に負けた時、全国に専門学校というのは三三二校ありました。そのある部分はすでに女子専門学校だったのですが、それにプラスして、戦後は女子専門学校が急増します。普通の専門学校もまたその二～三年の間に増えました。

ところが、国の制度が変わって、大学は新制大学に変わることになって、新制大学にどこがなれるかという話になってきました。結局どうなったかと言いますと、戦前から大学であったところは新制大学になりましたが、戦前から専門学校だったところが大変な危機に直面したわけです。それで、四年間の大学だけでは駄目だ、二年ないし三年の大学を作るべきだという議論が起きました。教育刷新委員会に出ておられた河井道先生という、当時、恵泉女学園長だった方が、とても熱心に女性にとって二年制の教育が必要だということを会議で主張されました。そういうことがあって、一九四九年に法律が変わって、一九五〇年の春に短大が生まれました。置いていかれたらつぶれてしまうかもしれなかった女子専門学校は、新制高校になるか専修学校になるかしか、生きる道はありませんでした。専門学校制度は、一九四七年の学校教育法でなくなったわけですから、専門学校として残るわけにはいかない。廃校か、専修学校になるか、それとも四年制になるか、この選択を迫られたわけです。四年制になれないのだったら、間にもう一つ階段を作って欲しい。そうやって生まれたのが、短期大学です。

(2) 禁句に満ちた発足論議

短期大学の発足が「何とか生き延びさせて欲しい」という声に答えた救済措置だったのは、確かなのです。その点、短期大学制度は、戦後の他のどの教育制度よりもはるかに消極的な生まれ方をしています。

しかし、その後、短期大学制度の当事者は、当時非常に元気でした。先ほどの本を書く中で、いろいろな資料を読んで分かったことです。

それは後で述べるとして、短期大学制度構想当時の国会審議の議事録をいま読んでみると、禁句の連発です。保守政党であろうが革新政党であろうが、短期大学制度を通そうとする政党の代議士達は、全部「今の親達は、娘に四年制の教育はとても受けさせられない、必要ないと思っている。第一、それでは婚期が遅れる」。結婚適齢期という観念が生きていた時代です。二二歳になってやっと学校を終わるのではお嫁に行けない。二番目に「地方の親達は子供をなるべく手元に置きたいと思っている。男の子との接触を特に警戒している。だから、地方に学校を作るべきだ」。経済事情がこれに輪を掛けていて、「学費を四年間、男の子にはともかく女の子には出せない」。もう一つは、家政学のことです。「家政学は二年間ないし三年間やれば十分で、四年間もやる必要はない学問だと家政学の先生達がおっしゃっている」。だから短大制度を作るべきだ、というのが国会の主要発言でした。残る問題は、恒久的制度にするか、暫定措置にするか、ということでした。当時の革新政党は恒久的制度にせよと言いましたが、保守政党の方は暫定措置でと論じました。こういう構図のもとに、短大は出発したのです。

(3) 強かった「女子専科」観

このころの資料を改めて読み返してみると、いろいろなことが分かります。海後先生とご一緒に本を書いたころには気がつかなかったのですが、今改めて資料を見て、気づくのです。

まず、短期大学が出発した一九五〇年から五七年までの間は、短期大学は女性だけの高等教育機関ではありませんでした。短期大学が出発したその年の性別学生数を調べてみたら、短期大学全国学生数一万五四〇〇人のうちの九、二〇〇人は男子なのです。この状態はそれから六、七年間続きました。一九五七年でも半数をちょっと切った数が、男子でした。実態はそうであったにもかかわらず、何となく花嫁学校だという伝説だけが生まれたのです。まず、イメージと伝説が生まれた。決して、花嫁学校ではなかったのです。

(4) 重要な理念――「地域性」「四年制大学との連携」「実学性」

二番目は、非常に重要な理念が当時生まれていたことが、改めて分かります。

第一は地域性です。短期大学が全国各地で専門学校を衣替えして生まれたころ、短大の先生達の相当部分が重視したのが、地域の方々への大学の開放でした。

日本私立短期大学協会の機関誌『会報』第一号から四号までを見ると、熊本で、あるいは高知で、地域の方々のための学習機会を提供するのが新しい短期大学という名前の学校であると考えて努力した学校の実践例がいっぱい出てきます。短期大学を地域性において捉えていくというこの考え方は、おそらくアメリカから来たのだと思います。いわゆるコミュニティー・カレッジのあり方が短期大学のほうに伝わってきたのでしょう。

第二は、二年間で完結する教育の機関――ターミナル・エデュケーションの場――である。だから、決して四年制大学への準備の場ではない。これは実はアメリカのジュニア・カレッジの考え方から来ていると私は推測します。当時、ジュニア・カレッジ・ムーブメントが非常に盛んで、たまたまその指導者が占領軍のメンバーの中にいたことが分かっています。その占領軍のメンバーは、短大はターミナル・エデュケーションの場であるということを強調したのです。四年制とは違う形の教育をやる。これが二番目の考え方でした。

にもかかわらず、第三に出てきたのは、四年制大学との連携を取るのだ、という考え方です。つまり、完結性と連携性を同時に果たす。これは当時、多くの短大が考えていたことです。その当時、四年制大学は、あっちこっちでやっとできたところでしたので、短期大学の学生を三年編入で取るところは実は非常に少なかったのですが、今はそれが劇的に変わりつつあるわけです。

最後は実学性。実学を教授するということです。四年制大学とは違う、我々は本当に生活に密着した学問を教えるのだということです。

以上の四つ、すなわち、地域性、完結性、四年制大学との連携性、そして実学性。これは当時の記録を読んでみますと、必ず出てきます。短期大学のいわば初心なのです。

4　理念をよみがえらせるという作業の大切さ

(1) 地域性――大学と共通に持つ課題：高知短期大学のこと

今度、改めて短期大学の歴史を振り返ってみて、今申したように、男子が半分いたという否定できない事実と、四つの理念を蘇らせる必要があるということとを、改めて思います。

中でも重要視すべきことの一つは、地域性という点です。これは非常に大事なところで、これからは、四年制大学だって今まで以上にこれを求められます。地域に対するアカウンタビリティーという言い方もあります。

私は今年、三つの国立大学から学外評価委員で来てくれと言われて、いま、山梨と神戸と秋田の各国立大学に赴いておりますが、そこで先生方が、いま最も頑張って取り組もうとしておられるのは、地域との関係です。甲府市と山梨大学の関係はこれでよかったのか、あるいは山梨県と山梨大学の関係はこれでよかったのか、秋田大学しかり、神戸もしかり、全部そうです。今やっと、地域と大学をどうつないでいくかが課題になってきている。

そういう点で、こちらの桜の聖母短大が、公開講座で千二百何十人も集めていらっしゃるのは、ものすごく大きいことだと思います。とても、これだけのことを、普通はできません。これはきわめて重要な、今まで作り上げてこられた財産の一つだと考えております。地域性を賦活するというのは大事なことです。

高知短大は、さっき言いましたように夕方から開かれて、専任の先生は数えるほどしかおられませんけれど、全力を込めて授業をなさっておられます。同大学の哲学の先生は、ある記録を残しておられます。

自分は哲学専攻で、来た方達に(全員夜学ですから職業を持っている方達に)初めは哲学の講義をした。でも、どうも難しいようで、分かっておられない感じがした。それでいろいろ考えて、「人生にとって考えるとはどういうことか」というテーマで、講義を組み立ててみた。中身を変え自分の研究テーマまで変えてやってみたところ、初めて学生達からきわめて高い評価を受けることができた、と。名誉教授の方ですが、忘れられない思い出として書いておられます。このように、教育内容ももちろんのこと、いろんな側面で、地域との関係を構築することが、きわめて大事です。

これをもう少し詰め、広げていくと、結局、生涯にわたる学習の中に短期大学をどう位置づけるかということになっていきます。生涯にわたる学習は、人間にとって必要だと思います。その中の一つのチャンスに短期大学はどれぐらい貢献できるか、こういうふうに設定することになります。最近、『短大ファーストステージ論』(高鳥正夫・舘昭、東信堂、一九九八年)という本が出ておりますが、英語で言わなくてもいい。生涯にわたって人間は勉強する必要がある、そういう人達が地域にいる、その地域の方達に短大は何ができるか、という設定でいいのではないかと私は思っています。

(2) 四年制大学との連携――生涯学習のサイクルの中に位置づける

二番目は四年制大学との連携です。短大関係者の中には、人によっては、ここにしか短大の生き残る道はないという方もおられます。はっきり言うと、四年制大学へのバイパスとして生き残ろうという考え方です。しかし、私はそうは思いません。二年間で本当に力を付けて、資格を取って卒業したいと思っている学生だっています。その点を、無視してはならない。それも立派な学習要求であると思います。単に四年制大学に何人行ったかだけが短大の業績ではあり得ない。

しかし、今後この方向がこれまでに増して重要さを加えてくることは事実です。先ほどの大阪女学院短大の場合は、非常にそれで成功されているのですが、先生方は決して、自分のところの卒業生がどこへ行きましたと宣伝には使っておられません。ただしそこにも行くことのできる力を私達は付けたのだと、力の付け方の中身をきちんとおっしゃっています。その点が貴重だと私は思います。

(3) 現代における実学の教育とは何か

次は、現代における実学とは何かということです。これも、我々がもう一度考え直してみる必要があると思います。

大学がこれから生き残ろうとする場合に、いわゆる実学を教えることは大事だと思います。その実学の代表が資格に結びつく学習・学問です。しかし、資格への教育だけでやっていけるかというと、そうは思わない。これと並べて、リベラル・アーツ、教養教育、これが、今実は実学的意味を持っていることを強調したいと思います。

私は桜美林の前は立教大学にいたのですが、総長や学部長の先生方に、これからサバイバルしていくためには、資格かリベラル・アーツですよ、といつも申しておりました。リベラル・アーツがなぜ実学になれるかというのは、あとで立ち返って申し上げます。言い換えると、私どもは、学問の「役に立ち方」とは何なのかを、もう一遍考えておく必要がある。もちろん、まず浮かんでくる資格に向けて大学教育を整備していく作業は、非常に大事なことで、現実に取りうるサバイバルの一つの方向でもあることは間違いないし、決して責められるべきことではありません。

しかし、その前に、より根本のところから、すなわち大学教育自身の目標の再考という課題に立ち返る必要があるのではないかと思うのです。立教大学のカリキュラム改革の途中で私が気づかされたことは、戦後、私達大学教育に当たってきた人間は、大学教育の目標を何だと思ってきただろうか、ということでした。

五〇年前に、我々の先輩は、大学教育は「教養ある専門人を作ることだ」と思っていました。教養のある専門人を作る、だから一般教育は大事だと。新制大学は四年間に一般教育二年間と専門教育二年間を融合して、最後は専門人を送り出す。大学の先生が思っていただけでなく、世間もそう思っていました。たとえば日本経営者団体連盟は、戦後ずっと大学にいろいろな文句を付けてきましたけれども、その文句の第一は、新制大学の学生は専門の学識が低いということでした。経済学をやって学部を卒業した学生なら、これだけの経済学の知識を持っていなければ駄目だ、法学部を出た者ならこれだけの知識を持っていなければ駄目だ、それをやってないではないかという批判でした。彼らはさらに踏み込んで、それをやっていたのは旧制時代の実力のある専門学校や大学であるとも言い、六・三制を非難してきました。また、わずか四年間の間に無駄なことをやっている、一般教育はつぶせ。これがずっと続いた要求だったのです。

ところが、いま彼らは全然逆のことを言い始めています。大学を卒業した若者にリーダーシップを持たせてくれ、広い視野を与えてくれ、異文化理解への能力を与えろといろいろなことを言い始めています。これはつまり、教養教育です。教養教育をやれということを、彼らの方が言い出しているわけです。

今、大きく時代が変わりつつあると見ていいわけです。

私は立教のころに産業界の意見などもよく読んで、フォローしてきました。その上で学内で申したのは、これから我々は「専門性に立つ新しい教養人」を作る、これを目標にしたいということでした。専門性に立つ新しい教養人の育成をめざして、カリキュラムを変える。これくらい腹をくくらないと、本当の大学改革はできない、と先生方に説き続けました。それは私の言った言葉にしては非常によく広がりました。その後、立教のあらゆるポスターに書かれました。「専門性に立つ新しい教養人の育成をめざす立教大学」。無駄ではなかったと思っております。

これはどこでも当てはまると思うのです。短期大学に引き寄せていいますと、アメリカ人の指導者達、すなわち戦後最初にやってきた合衆国対日教育使節団のメンバーが最初に関心を持ったのは、日本においてリベラル・アーツの教育を女性にも広げることができるかどうかということでした。彼らはいろいろな日本の教育指導者達を呼んで話を聞きました。その結果、日本には戦前から優秀な女子大学と称する女子専門学校群があって、そこでは相当なリベラル・アーツの教育が行われてきたらしい、ということを彼らはつかみました。そして、これからの課題は、むしろ男の学生が圧倒的に多い大学や学校のカリキュラムを、もっとリベラライズすることだと勧告しました。対日教育使節団の報告書の本文を読んでみますと、日本の高等教育のカリキュラムは「あまりに狭く、あまりに早く専門化されている」、「カリキュラムのリベラリゼーションこそ最も大事な課題である」と書いてあります。これに沿って大学の一般教育が生まれ、いまの大綱化のもとでの新しい教養教育が求められている流れがあります。つまり、勧告のきっかけにおいて、女性の高等教育とリベラル・アーツの教育というのは決して無縁ではなかったし、むしろ戦後大学改革の源流はそこから発したと言ってもいいと思います。

先ほどの実学性に関わらせつつ専門教育も視野に含めて考えますと、たとえ二年間であろうと三年間であろうと、短期大学で行われる教養教育はもちろんのこと専門教育も、実は内容において教養的であるべきだということです。教養的とはどういうことかというと、概論的であるという意味ではなく、むしろそこにいる学生達が何をめざして生きていくか、何のために私は学問をしているのか、どういう場所で生きているのか、これが分かるような内容になることだと思います。それがまた、ある資格と結びつけばこれほどいいことはない。したがって、現代の実学教育というのは、実は真の意味での教養教育のことなのです。非常に広い視野でいろいろなことを自立して考えられるような人間を育てること、これ以外にないと思います。

そのころ、大学教育の改革をやっていて気付かされたもう一つのことは、外国語教育です。外国語教育という分野をどれだけ良くしていくか、これは大学改革の大課題です。しかも、この課題は二一世紀まで続きます。

学生達は高卒の時まで、少なくとも最低六年間は英語を勉強してきている。それが大学に入ってくると、読めないし、書けないし、しゃべることになったら、逃げ回っているわけです。ましてや、自分で英語で何か話し、情報を発信するなど考えもしないで、受験英語を覚えてくるわけです。「一番英語の力があったのはいつ」と聞くと、「えーと、受験のあくる朝でした。あの時が一番で、後は全部忘れるだけです」と言います。その通り、大学の英語教育は何の役にも立っていないかの如くです。しかし、単位だけは四単位、六単位と取らせている。ここを変える必要がある。短大も含めて、大学が英語教育改革を起爆剤にして大学の中身を変えていくことが、すごく大事だと思います。この話は、詳しく入っていくと大変ですから、このくらいにしておきますが、教養教育をつくり出す際に先ず気付かされたポイントでした。要するに、外国語教育という分野は、戦後、日本の大学人が最も本気で考えなかった分野だということがよく分かりました。横のものを縦にする、当てられたらそこだけ読む、これが英語教育だったということを改めて思いました。

先にふれました大阪女学院短大の英語教育は、英語学習を単なるツール(道具)の取得としていない点にあります。自分の関心をもつ課題・テーマに向けて英語を学ぶ。つまり総合的な学習の中に英語という武器を位置づけることによって、発信力、表出力をもつ生きた英語が身につき、それが同時に有力な教養教育をなしている、という点が、同校の改革実践の素晴らしさだと思います。

外国語教育の改革は教養教育創造の一環であるということを、立教大学でも学びましたが(『立教大学〈全カリ〉のすべて』東信堂、二〇〇一年三月、参照)、大阪女学院短大もその鮮烈な一例だと考えます(同短大の教育の歩みについては創立30周年記念『自己検討誌 何ができて、何ができていないか』、同大学刊、一九九八年十一月、を参照してください)。

これからの人間の将来には、激動が待っています。卒業した学生達が、今の時点で大企業にいくら行ったとしても、その先どうなるか、今ほど大組織、大企業が不信の目で見られている時代はありません。どんなに偉くなっても、自分で自分の首を締めるかもしれない、ということをみんな分かっています。激動が待っている将来に向かって彼らに最低付けるべき学力とは一体何であり、大学はかぎられた年数でそれをどこまでできるか、ということだと思います。

いろいろな機会に、「生涯学習にとって一番大事な能力は、何だと思われますか」と聞かれることがあります。私はいつでも次のように答えることにしています。

一番目は健康。これは基本的に必要なことです。だから大学の保健体育をやめては駄目です。二番目は先ほど申した外国語の力。発信力を含めて、これは卒業の時までに少なくとも一カ国語を十分身に付けておく必要がある。一生、どんな仕事についても確実に役に立つ。ましてIT時代では、ますます英語の効用が大きいと思います。三番目は何かというと、自分と他者を理解できる力です。もっと積極的に言えば、人間関係を創造していく力、これは人生の最後まで大事なことであります。私はいつもそのように答えることにしております。大学の専門教育の中で付く力は、その次くらいに来るだろうと考えています。

本学院のご健闘を祈ります。

ご静聴ありがとうございました。

（桜の聖母短期大学講演、二〇〇〇年十一月）

〔コラム〕女子大学創設一〇〇年に思う
——個性化・生涯学習で道を——

私立の女子高等教育機関が創設されて、今年でちょうど一〇〇年になる。女子英学塾（津田塾大学）と東京女医学校（東京女子医科大学）の開校が一九〇〇（明治三三）年、日本女子大学校（日本女子大学）と女子美術学校（女子美術大学）が翌年の一九〇一年だった。つまり、二〇世紀の幕開けとともに有数の女子大学が産声をあげたことになる。

○　○

「男子だけのための大学」ができたのは、早かった。明治維新の四、五年後には、のちに東京大学の前身となった官立の医学・外国語・工学・法学・農学などの専門教育機関が、次々に生まれた。民間には慶應義塾が幕末からあり、一八八〇年代には早稲田、明治、中央、専修などの前身校も顔をそろえた。

だが、女子が中等以上の学問をしたいと思っても、進学できたのは、教員を作る女子師範学校だけだった。明治期だけではない。大正期の半ば、一九一〇年代後半には公立・私立の大学が認められるようになったのだが、戦後まで、なぜか「女子大学」は認められなかった。

東京大学は一八八六年に帝国大学という日本唯一の大学になった。そこに進学したいという女性が現われたのは四年後である。だが、帝国大学評議会が「婦人入学ノ件　右ハ許サザル事」というわずか一行の素っ気ない記録を残したのは、一八九〇年七月のことである。誰が志願したか、なぜ「許サザル事」になったのか、今もって分からない。

戦前、日本の社会と国家は、なぜ女性に高等教育・専門教育の門を閉ざしていたのか。

封建的な「家」制度の束縛、専門職や官僚の座を女性に奪われることへの恐れ、生理を持ち、出産をする女性を穢《けが》れと見る伝統的観念など、理由はさまざまに入り組んでいたと思われる。

一つだけはっきりしていた障壁は、旧制高校というシステムがあったことである。このエリート校は、厳しい「女人禁制」の学校だった。だがここを卒業しなければ、帝国大学や官立大学に入ることはできない。私立大学等の大学予科にも、男子しか進めなかった。つまり、女性は大学の門を閉ざされていただけでなく、そもそも門に向かう道をふさがれていたのである。

○　○

初めに挙げた三校の創設者達は、例外なく男性優位社会の批判者だった。

女子英学塾を開いた津田梅子は、長い留学から帰って接した日本の上流家庭の乱脈ぶりと女性の人間的尊厳への軽視に驚き、それに疑問を抱かない女性達の姿を見た。外国語学習による異文化理解こそが女性の自立を生む——それが開塾の決意だった。女子英学塾は決して英語のお稽古《けいこ》場ではなかったのだ。日本女子大学校創立者の成瀬仁蔵は『誰か賢婦に会ひしや』という痛烈な文章を残している。実母や幼少期に接した身近な女性達の無知に対する批判、いや、むしろ嫌悪の告白である。東京女医学校の祖・吉岡弥生やその友人達は、私学で医師免許のための勉強を続けていたころ、男子学生達から〝特異性バクテリア〟と呼ばれた。それが女子医科大学設立のきっかけの一つになる。こうした痛切な原体験や妥協なしには踏み切れなかった事業、それが「女子大学の創設」だった。

○　○

戦後、教育基本法の掲げる原則と占領軍の指導のもとで、男女共学は常識になった。帝国大学も一九四六年から女性に開かれた。一方、女子高等教育機関は、これも占領軍内部および日本側指導者の努力で、その二年後、悲願の「大学」昇格を果たした。七〇年代に入ると、女子学生数と女子大は増加のカーブを描き、九〇年代以後は高卒女子の四年制大学進学希望率が男子を上回るようになった。学部学生総数約二四五万人、うち女子学生数約八九万人（九九年度）というのが四年制大学の実情である。しかし現在、女子学生の約八〇％は、女子大ではなく共学の大学に在籍している。

果たして「女子大学」という大学は必要なのか？　今、改めて問われている深刻な問題である。

深刻さは、言うまでもなく大学のサバイバル状況によって加速されている。志願者確保のため共学制に踏み切った女子大も少なくない。「女子大学で、女性は共学大学では経験できない民主的リーダーシップの訓練を受けることができる」というのが、女子大学興隆期のアメリカの議論だった。だがそのアメリカでは、女子大の学生はわずか五%にすぎないという。

〇　〇

女子大は、いま曲がり角に来ている。かつての高等教育機会開放の旗手は、いわば生き残りをかけた〝専門店〟になったかに見える。だが生き残りは、「特別の大学」、「存在理由を受け身で考える大学」になることで保障されるのではあるまい。共学の大学にも他の女子大にもない特性を持つこと。また、かつて創設者達がめざしたように、自立した、知性ある女性が育つための生涯学習の基礎を準備すること。こうした課題にどうこたえるかにかかっている。そして、そうした課題は、実は日本の大学全体が直面している改革の課題と共通しているのである。

（『読売新聞』夕刊、二〇〇〇年一〇月二四日付）

3 「学部」再考——大東文化大学環境創造学部の発足に臨席して——

経済学部を経済学部と経営学部に分割し、さらに「環境創造学部」を創設するという構想が大東文化学園基本構想委員会で報告されたとき、理事の末席を汚している著者は即座にサポートする気持ちになった。さらに文部省とのヒアリング交渉の中で構想が次第に具体化されてくるのを学園理事会の席で伝え聞くにつれ、賛同の意はますます強くなった。

幾度か思わず余計な発言をしたように思う。だが絶えざる「積極支持派」の理事の一人だったことを、否定しない。

もちろん、賛同者は理事その他の中にも多くおられ、著者はその一人にすぎない。だが、この四月の学部発足を心から喜んで迎えた者の一人だった。

○　○

思わず言ってしまった「余計な発言」の中には、「環境創造」という学部名称の件があった。もし、設置審議会で異論が出たらどうするか？

「環境創造学などという学問領域があるのですか?」

こういう質問が、窓口の担当官僚からさえ飛んでくるように思えた。どう受けるか? 下手に論戦をやって入口で止まってしまう、ということがあってはまずい。

前任校の立教大学時代に「コミュニティー福祉学部」という新学部の創設を審議した。あのころ「カタカナ入りの学部名で大丈夫か、いきなりつまづくことはないか」といった(むしろ学内からの)声があり、心配した。幸い無事パスした。「ジャーナリズム学部」というカタカナだけの学部新設例が他大学にあったからである。

だが「環境創造」のほうは、なまじ真っ正面からの命名である。それだけにますます気になった。提案者である先生方は「大丈夫です。がんばるつもりです」とおっしゃる。著者は取り越し苦労にとらわれていた。

「『環境創造「科学部」ならよい』ということになったら、お認めになりますか」

この差し出口に、

「そこまでならまあ考慮してみましょう」

と、たしか山本(孝則)教授がおっしゃった。だが、結果的には審査は問題なく進んで、今日を迎えた。

もちろん、カリキュラムに関する注文や「福祉環境とは何か」といった学問論的(?)問いかけは出たと聞いている。それへの回答や対応はどうだったか、その妥当性如何といった問題は、今後の環境創造学部自身にとっては残る課題だろうが、門外漢である著者の判断を越える。今とりあえず分かるのは、文部省も大学設置審議会も、大学が作る学部学科の名称そのものに全体としてもはや大きな難癖は付けないようだ、という事実である。

それがポリシーや信念に出るものか、それとも一九九一年の大学設置基準大綱化以降の便宜主義、すなわち大学内部のスクラップ・アンド・ビルド奨励のための便宜的緩衝措置によるものかは、分からない。ただ、あえて希望をこめて考えておきたいのは、「環境創造学部」といった学部名称が市民権を得た背景には、巨大な近代学問体系の変動が起きつつあるのではないかということである。一九世紀半ばあたりまでに細分化を完遂した欧米近代諸学の「体系」「分類」が、少なくともそれを移入して一三〇年経った日本の大学世界の中で、知らず知らずのうちに融解しつつある、ということである。融解には事情も理由もあろう。著者の言葉で言えば、「専門学の液状化」が始まりつつあって、その事態を、大学関係者がどう引き取るかが、今問われている。

引き取り方を誤ると、大学は果てしない商業主義的迷走再編成に走るか、逆に、古いタイプの学問の墓場となってこれまた果てしない志願者逓減の途に陥るかの局面に立つのである。

○　　○

「専門学が存在して初めて学部が生まれる」というのが、明治以後日本の大学関係者が抱いてきた観念だった。だが「環境創造学部」はその観念には当てはまらない。

「環境」観念を探究する、そしてそれを現実的に創造する、という課題・問題がまず存在し、それに対応する学問研究分野を「創造」しながら、「環境」の現実的創造に当たる人材を育てる。環境創造学部は、こういう三重の問題層を抱え込んだ大学組織である。構想段階で聞いた志向や、発足後の資料・文章などから推察すると、外延にはさらに「経済学批判とその再生」という課題意識も共有されているようである。課題・問題はさらに増えて、四重ぐらいになる。

ふた昔前ぐらいの観念ではとうてい学部になる条件はなかったと思われる。設置認可行政の緩和がここまで来たのか、社会と大学の関係の激変が進みつつあるのか、それとも学部の観念が変容しつつあるのか。どれも大なり小なり当てはまるのだろうと思う。だが、学問状況そのものが大きく変わりつつあり、それに応じて学部の観念も変容を迫られていると見ることが、最も重要ではないだろうか。

それにしても、日本でいう「学部」というものの制度と歴史、さらにそれを支えた意識の歩みを簡単に振り返っておく必要がある。

○　○

日本で「学部」という組織が大学の中に出現したのは、一八七七(明治一〇)年のことだった。東京大学という、芸のない名前の付いた官立学校を文部省が作った年である。法、理、文、医の四つの学部ができた。

この四学部は、たしかに今の東大の各学部の起源に当たる。だがこのときできた「学部」は、決して今考える学部ではなかった。律令制にもとづいて官庁組織が作られていた時代である。文「部」省や兵「部」省、工「部」省が置かれていた時代だった。たとえば、法学部や理学部というのは法学を研究教育する組織ではなく、文部省付設学校たる「東京大学という機構」の中で、欧米伝来の「法律学」や「理学」の教育や攻究(「研究」という言葉はまだなかった)をつかさどる「部」、すなわちセクションのことだったと見られる。

つまり、法学の「部」、理学の「部」だったのである。職員組織を示す「職制」を見ても「学部長」というポジションは置かれていなかった。「部長」という席だけがあった。こうしたことも、傍証の一つになろう。

『大言海』には、「ぶ」(部)とは「物事ノ一方ノ処」と記され、次いで「トモ、トモガラ」とある。律令期の呼称に近い「べ」(部)は、「トモ、トモガラ」が第一義で、こちらは用例の中に「機織部」「玉造部」といった律令下の職名が出てくる。これらから推し量ると、「学部」を「教員の仲間組織」と見る意味合いも皆無ではなかった。だが、より基本的には、機構の中の「一方ノ処」、つまりは役所のセクションというのが、この時期の「学部」の意味だった。さらにそこでともに働く朋輩達、という意味も伴っていたということになろう。

だが、こうした初発の「部」は、すぐ消えた。一八八六(明治一九)年に東京大学が帝国大学になったとき、「文科大学」や「工科大学」のように「分科大学」制度が取られたからである。それから三〇年間ほど、日本の大学の中に学部はなかった。

分科大学は自治性こそ弱かったが、独立性と割拠性の強い組織だった。官制上も、たとえば理科大学教授はいても、東京帝国大学の教授や京都帝国大学(一八九七年にできた)の教授はいないことになっていた。「東京帝国大学法科大学教授」が正式の職名だった。世間では、大学抜きで「理科の教授」とか「法科の教授」と言っていた。

組織として割拠的であるだけでなかった。「分科」は、既成学問の揺るがざる領域と見られていた。その何よりの証拠は、分科大学の種類がそっくりそのまま博士学位の種類になったことだった。政府が最初の博士学位を出したのは一八八七（明治二〇）年のことだったが、その種類は、法学博士、医学博士、工学博士、文学博士、理学博士の五つで、この五種は、帝国大学が設置した五分科大学に厳格に照応していたのである。農学博士は、少し遅れて農科大学ができてから、やっと作られた。

○　　○

この分科大学が「学部」という名称に反転したのは、大正期の半ばだった。大学令（一九一八年）が出て、官立総合大学（帝国大学）のほかに官立単科大学、公立大学、私立大学が認められると、そのすべての大学に「学部」が必ず作られることになったのである。

この学部は、もはや「セクション」ではなかった。ドイツ流のファクルテート、英語ではファカルティー、つまり「同一領域を専攻する専門職者集団およびそれを支える組織」を意味した。教育・研究の自治に対する認識が高まり、かつての学「部」ではない新しい「学部」が生まれたのである。「教授会」は日清戦争のころから各分科大学に「分科大学教授会」として法認されていたが、改めて「学部教授会」と称され、以後、官・公・私立の全大学で出発することになった。

戦時下をくぐり抜け、戦後、学校教育法（一九四七年）は「大学には数個の学部を置くことを常例とする」（五三条）と大学令にならって規定する一方、「大学には、重要な事項を審議するため、教授会を置かなければならない」（五九条）という、かつてなかった規定を設けた。前者の五三条は、一九七四年の筑波大学発足に当たって「ただし、当該大学の教育研究上の目的を達成するため有効かつ適切である場合においては、学部以外の教育研究上の適切な組織を置くことができる」と変わり、学系・学群等を置くことができるようになった。しかし、後者の五九条の教授会必置原則のほうは、今も変わらずに生きている。

〇　〇

くだくだしい制度史はここまでにしよう。指摘したいのは、次のことである。

「分科大学」という割拠的だが自治性の弱い制度に代えて現存のものに近い「学部」が置かれたとき、ねらいは大学の自律性の確保にあった。それはたしかに大学の前進だった。

だが、分科大学時代の「分科大学の種類はあらゆる専門学に正確に対応し、逆に分科大学の名称に対応しない学問は正規の専門学ではない（だから博士号も出さない）」という観念そのものは、明治後期の帝国大学の権威主義に支えられて大正期までに堅固な通念に育ち上がり、大学令で「学部」ができてからは、官公私立全大学に広がった。

通念のお陰で苦労した典型は、明治期の帝国大学農科大学（一八九〇年設置）や大正期の諸大学経済学部（東京帝大には一九一九年設置）であったろう。農学は理学の応用分野の一つではないかと言われ、農学博士など不要で、理学博士があればいい、と長い間言われた。法学のほかに「経済学」などという新興分野が学部を持っていいのかと言われ、大学令による改革で神戸商科大学や東京商科大学ができ、そこに商学部や経済学部が置かれなかったら、とても東京帝大や京都・九州帝大などの経済学部は生まれなかったろう。

同じ事情は、戦後も続いた。東大の「教養学部」はとにもかくにも南原繁東京大学総長の英断と政治力で生まれた例外的なものだったが、私の学んだ「教育学部」は、占領と学制改革によって初めて生まれたものだった。あらゆる学問はすでに学内にある、と言われ、教育学部にいた著者の先輩達は、東大の中で長年白眼視されたらしい。事情はほかの旧帝大でも同じで、「教育学部？　そんな学部があったっけ？」と酒席でからまれたという話など、大学紛争の前あたりまで、あちこちでいくらでも聞くことができた。

だが、冒頭でふれた「専門学の液状化」という事態、その前提になる「一九世紀型学問体系の動揺」は、その後に顕在化し、八〇年代、九〇年代を経て、大学の「学部」組織を揺るがしている。その周辺には、大学のサバイバル状況の激化とともに、当然にも、「学部」観念の歴史的変化がある。大学にいる者は、これを前向きに迎える位置に立っている。

○　○

大東文化大学環境創造学部は、その前向きの捉え方の一つのサンプルであるように思われる。問題があるから学部を作った。おそらくそう言い切れるものを持って、先生方は新学部を発想され、経営体もそれを認め、審議会も認可した。

「先生方のおっしゃっている学部構想は、知の生産様式の第IIモードと言われているものと理解していいですか？」

これが著者の口走ったもう一つの「余計な発言」だった。マイケル・ギボンズ達の問題提起的な論策（小林信一監訳『現代社会と知の創造』紀伊國屋書店、一九九七年）が頭にあったからである。「そう考えられても結構です」というのが先生方の答えだった。

第Iモードの知の生産様式は、専門ディシプリンの中で生まれた問いを出発点として専門知を再生産する。これに対し、第Ⅱモードは、これぞ解決しなければならない問題が「外生」し、その解決には超専門的知が必要であり、その生産のための新しい様式が求められる。環境創造学部などという構想は、このアイデアの大学制度版ではないか、というのが著者の印象だった。大学と学部の関係を長い間考えてきた者にとって、「そう考えられて結構です」と即答された委員の方々のお答えは、「ただちにサポートの側に回ろう」と思わせるに十分なものだった。

新しい「学部」は、大いに新しい試みをなさっていただきたい。

新入生教育の面ですでに新しい試みがなされているらしい。ほかにも、たとえば高校以下では「総合的な学習の時間」が実施を目前に控えている。その重点分野は、環境であり、福祉である。たとえば大東第一高等学校との間の連携教育に環境創造学部が音頭を取られるようなことは考えられないか。そんな夢も描いてみたくなる。この新しい学部に、大東文化大学イノベーションの対外的発信という貴重な役割を強く期待したいのである。

〈参考文献〉
『プロムナード東京大学史』東京大学出版会、一九九二年
『大学の自己変革とオートノミー』東信堂、一九九八年　その他

（大東文化大学環境創造学会『環境創造』学部創立記念創刊号、二〇〇一年一〇月刊）

〈2〉

基準とアカデミック・フリーダム

4　戦後大学と「基準」

時期区分の試み

大学・学部の設置認可に「基準」というものがある。——今日、誰も怪しまないこのシステムも、五〇年前には可視的でなかった。そもそも「基準」というターム自体、敗戦までの日本の行政官や大学人の語彙にはなかったに違いない。そこへ「大学基準」が持ち込まれた。

持ち込まれる前にも、日本に大学はあった。旧制末期一九四八年三月期の「旧制大学」は四九校(国立総合七、国立単科一一、公立三、私立二八)、学部総数は一〇五、そのうち公・私立大学の学部は五八だった。私立大学が認可され始めたのは大学令施行後の一九二〇(大正九)年度以降である。それから一九四六年度までの二六年間にも、後に述べるように、ある種の「基準」はあった。だが、新制大学五〇年の歴史の側に立って上の二六年間を見れば、その期間はやはり「基準前史期」ということになろう。

さて「大学基準」の原案が成立したのは一九四七(昭和二二)年五月、完成したのは正確には同年一二月である。ただしその後、大学総体に関する大学基準だけでなく、大学通信教育基準、大学図書館基準、大学院基準、さらに各専門教育諸基準へと拡大した。これらの基準制定主体は、言うまでもなく大学基準協会である。一九四七年から一九五五(昭和三〇)年までは、大学基準協会制定のこれらの諸基準が(それらだけが)存在した時代である。この時期を「協会基準期」と呼んでおこう。

次に「省令基準・協会基準分立期」(以下、「分立期」と記す)が来る。一九五六年からである。「分立」状態は、形式的には現代まで続いている。

ところで「分立」には、半ば「分業」の意味がこもっていた。すなわち文部省令大学設置基準(昭和三一年文部省令第二八号)は文部大臣による大学・学部の設置認可のモノサシであり、大学基準協会の作った諸「基準」は大学・学部設置完成以降の水準向上・維持をめざすとともに四年以上経ったあとの大学基準協会会員資格発生を確認するモノサシである、という分業関係がここに成立した。

これに続いて、大学基準協会の財団法人化が認められた(一九五九年)。そのときの文部省側との確認は、文部省が大学設置基準を通じて大学としてのいわば「入学基準」を審査し、基準協会が大学基準を通じて大学としての「卒業基準」を審査する、と分業するのだと考えればよいではないか、というものだったと伝えられる。ここに、文部省と大学基準協会の「棲み分け」が成立した。

新制大学発足以降五〇年間の歴史を「基準のあり方」という目で整理すると、ただこれだけのことになる。

「分立」以降の分岐点

一九五六年以降の分立期の歴史は、二つの基準それ自体の変化では説明することができない。繰り返せば、形式上の変化はなかった。あったのは、両基準を取り巻く政策的・行政的な状況や文脈の変化である。

両者に決定的な変化をもたらしたのは、臨時教育審議会（臨教審）による一九八〇年代後半の改革動向である。

臨教審は、自由化路線を高等教育改革に収斂させる文脈の中で大学基準の重要性を強調し、大学基準協会の活性化を求めると同時に、個性重視原則に立って大学の教育機能の充実と大学自身の「識見」の強化を求めた。これが大学審議会の答申を経て、まず一九九一（平成三）年の大学設置基準大綱化となって現れたことは言うまでもない。それは自己点検・評価の努力義務化を含んでいた。

さらに言うまでもないのは、あの大綱化以降、現在まで、奔流のように進んでいる大学の改革・再編の動きである。大学設置基準の行政的影響力は、一九九一年を境に、文部省自体の予測すら越えて、飛躍的に強化されたということができる。つまり設置基準に即して見ると、一九九一年こそが分立期を前後に分ける分岐点だった。

他方、大学基準に関して言えば、大学基準協会の役割に関する財団自身の自己認識が変化した。協会が、基準の役割を会員資格の再審査に集中させ、一九九六年度から相互審査制度を発足させたのは、周知の通りである。大学設置基準の改定、自己点検・評価の努力義務化、大学のリストラの進行といった動機の中で、大学基準運用の変化は、これまた協会の予想を越えて、申請が殺到するという事態を呼んでいる。つまり大学基準に即して言うと、一九九六年に「分立」以降の分岐点があったことになる。

今後、「基準」の大きな変化が生まれるとすれば、一九九八年一〇月の大学審議会答申にもとづいて準備進行中と言われる大学評価機構成立のときであろう。主として国立大学を対象とするという「評価」の新基準が、不可欠だからである。そうなると「分立」は「鼎立」に変化する。現在（注、一九九九年一〇月）は、「分立」期の最後にさしかかっているということもできる。

ただし、以上に述べたのは四年制大学に関する基準についてだけの時期区分である。

大学院について文部省令の「大学院設置基準」が初めて制定されたのは大学設置基準よりはるかに後の一九七四（昭和四九）年六月のことであり、それまでは大学基準協会制定の「大学院基準」が事実上の設置基準であった。つまり大学院については協会基準期ははるか後まで続いたことになる。

短期大学については、すでに一九四九年八月に「短期大学設置基準」が作られていた。ただし、これを決定して同年一〇月にその「解説」までも設定したのは、文部省ではなく当時の大学設置委員会（審議会ではない）であった。この短期大学設置基準が文部省令となったのは大学院設置基準制定の翌年、一九七五（昭和五〇）年のことである（昭和五〇年四月二八日文部省令第二一号）。つまり「設置基準」という名称はついていたものの、それ以前の短期大学に「省令設置基準期」があったとは言えず、短期大学基準協会もなかったから、短期大学には分立期も存在しなかったことになる。

現在の日本の大学に大学院と短期大学を加えるのは法制上の常識である。その常識に則って「基準」の時期区分を考えると、先に述べたような教科書的単純さは消える。だがここでは、とりあえずアンダーグラデュエート段階への「基準」である大学基準と文部省令大学設置基準の歩みを中心に、時期を区分してみた。

以下、今日の時点から振り返っての論点だけを整理しておこう。

変革期の論点

基準前史期から協会基準期への変革において第一の論点は、アカデミック・フリーダムの問題だった。基準前史期にも「基準」は皆無ではなかった。大学史研究家・中野実氏(故人・東京大学助教授)の努力で、旧制公・私立大学を対象とする大正末期作成と推定される文部省文書「大学設立認可内規(秘)」が存在していたことが明らかになっている。その規定は、〈必要設備〉〈私立の必要資金、公立の継続費予算〉〈私学基本財産の分割供託方式〉〈教員組織〉〈予科について〉の五項目にわたっていた。戦後、GHQのCI&E担当官が文部省に提示を求めたのはこの内規であった。しかし占領軍担当官の目には、この内規は、当事者たる官僚の自由裁量にあまりに多くゆだねられていると映った。一九四六年一一月、文部省に関東地区国・公・私立学長達が招集され、その会議が「アクレディテーション・スタンダード」を審議する場となった。この動きが翌年にかけての大学設置基準設定協議会の組織化、そして一九四七年七月における大学基準協会創立の動きにつらなることは、ここに言うまでもない。

ところで、大学基準協会が作成した大学基準は、次の協会基準期を通じて、協会の会員適格審査基準であるとともに大学の設置認可基準でもあった。すなわちアクレディテーション基準とチャータリング基準とを兼ねる二重性格を持っていた。この二重性格については、文部省も深く作成頒布に関与した文書(『日本における高等教育の再編成』文部省、一九四八年一月)にも、明記されていた。

論点は、次の二つになる。

(1) 大学の専門家支配の原則が保障されるか否か。

官・公立大学当事者達は、戦前・戦中を通じ、主として教官人事権をめぐって学部教授会と大学当局・文部省・政府との対立・葛藤を経験してきていた。一方、私学関係者は、人事はもちろん教育プログラムや学生指導・行事等のあらゆる分野で政府や軍部の抑圧を受け辛酸を嘗めさせられてきた。この双方にとって、占領軍当局が示した大学の専門家支配原則は歓迎すべきものだった。大学基準協会の設立を指導し、その後もさまざまな指導を続けた占領軍担当官達の最終的な参考書、第一次合衆国対日教育使節団報告書は、次のように書いていた。

「日本の高等教育全般の質を向上させ、さらに大学において研究を奨励し、その質を向上させるためには、高等教育機関による諸協会(associations)が設立されなければならない。この仕事の第一着手、つまりこれらの諸協会の創立準備委員の指名は、教育家の委員会、すなわちそれぞれの場合に当該教育機関群のさまざまな学校を代表する、そして日本の教育界で尊敬を受けている教育家達の委員会によって行われなければならない。特定の協会(an association)の会員になるためには、学校は、委員会の定めた一定の要件を満たしていなければならない」(著者訳)。

大学基準協会は上記の「諸協会」の一つだった。報告書はさらに、

「学問の自由を維持するための一つの確かな方法は、学問的事項(academic affairs)について教授団に権威を与えることである。それはまた、全国的な教師・大学教授の協会、さらには大学の全国的協会によっても支えられる」(同上)

と勧告した。後の全国大学教授連合や大学婦人協会、また国立大学協会をはじめとする諸大学関係協会は、これに沿って結成された。

大学の専門家支配原則の裏にあったのは、官僚による大学統制の排除である。官立大学は両者の交点にあった。報告書はこの点についても、①旧帝国大学の特権排除、②官立大学教授身分の位階勲等制度からの解放、という二つの提案をしている。①は新制大学の平準化政策に結びつき、②は公務員法改正を経て教育公務員特例法に結実した。

(2) 大学の設置認可権の所在はどこにあるべきか。

大学基準が先に述べたようにチャータリング基準とアクレディテーション基準の両性格を持っていたのは大きな問題だったが、今にしてみれば、その基本は、大学・学部の設置認可権はどこに置かれるべきかという問題に由来していた。

基準前史期では、大学・学部の設置認可権はもちろん文部大臣にあった。加えて、大学についてだけは、他の諸学校と違って、天皇の「勅裁」を請うことが必要とされていた。さらに設置認可審査を受けるべきは公立大学・私立大学だけであって、官立大学は除外されていた。協会基準期の初め、直接の確証

はないが、占領軍当局は当然この手続きについても検討したはずである。そもそもこの肝心の問題がそのままで、大学の自由発生・競争を基盤とするアメリカ風のアクレディテーションが定着する基盤は、想定できなかったはずである。

適用対象のほうは根本的に変わった。すなわち大学基準は官・公・私の区別なく全大学に適用されるものになり、旧帝大も実地視察の対象になった。だが、天皇による裁可制度こそ廃止されたものの、大学・学部の設置認可権を文部大臣が持つという制度は「監督庁」という言葉で温存された。「大学の設置の認可に関しては、監督庁は、大学設置委員会に諮問しなければならない」という当時の学校教育法第六〇条の規定は、継承されたこの制度と専門家支配原則との妥協という側面を持っていた。

分立以後ならびに今後の課題

協会基準期から分立期への移行、具体的には一九五六年を境とする大学設置基準の制定は、以上の二点にかんがみると、やはり大きな転換だった。

それは大学に関する「基準」の重点を圧倒的に大学設置基準の側に移させ、反面、大学基準は無力化し、大学基準協会は後に国会で文部省側委員から「休眠状態にある」と報告されるまでになった。一九七〇年代後半になると、チャータリングとアクレディテーションの比較大学制度史的研究も発表されるようになった。それらは占領期の教育改革の一環としての大学基準の二重性格性の異常さや自主的運用基盤の不在を指摘した。それらは戦後の大学制度研究の進歩のある一面を語るものだった。しかし、結果においては、先に見た便宜主義的な「棲み分け」を肯定し、大学基準協会無用論に近い判断や世論を生むものになったのではないか、というのが著者の評価である。

ただし厳密に言えば、大学の専門家支配原則が消えたわけではない。すなわち大学設置に関する監督庁の大学設置審議会（現在は大学設置・学校法人審議会）への諮問義務が消えたわけではない。また大学設置基準の適用に関する形式的な煩瑣主義は、一九九一年の「大綱化」のもとでかなり緩和された。設置地域規制方針などが緩和されれば、また今後大学の「生き残り」に向けてのスクラップ・アンド・ビルドに応ずるためにも、行政上はさらに緩和される可能性がある。

しかし分立期さらに鼎立期もしくは多立期（?）が続くと仮定すれば、今後残るのはそれぞれの「基準」の規定内容をどのように分化させるかという比較的テクニカルな問題であろう。その際には、大学設置基準はあたうかぎり形式的・大綱的な規定にとどめ、大学基準のほうは、より質的・内容的な規定を盛り込んで大学のイノベーションをめざして強力な相互評価に活用する、といった方向が取られるべきであろうと考える。

ただし、かつての協会基準期のもう一つの論点、設置認可権の所在に関しては、「規制緩和」の状況にもかんがみて、今後、正面切った考察が重ねられるべきである。それは大学の設置原理に関わる問題である。大学論としても、規制緩和の方向から見ても、大学の設置原理が潜在的に問題となった敗戦直後の戦後の事態を、占領行政の「異常さ」の責めに帰して安住できる時代ではなくなる。事前審査・評価のミニマム化と、事後における評価（アクレディテーション）のマキシマム化といった流れの中で、この問題が再考される日は遠くないと思われるのである。

〈参考文献〉

大学基準協会『大学基準協会十年史』（一九五七年）／海後宗臣・寺崎昌男『大学教育』（東京大学出版会、一九六九年）／中野実「旧制大学の設置認可の内規について」（『大学史研究通信』一一号、一九七九年一一月）／天城勲・慶伊富長（編）『大学設置基準の研究』（東京大学出版会、一九七七年）／大学基準協会『会報』六〇号（特集・大学の基準をめぐる諸問題、一九八八年四月）／田中征男『戦後改革と大学基準協会の形成』（エイデル研究所、一九九五年）／寺崎昌男『大学の自己変革とオートノミー』（東信堂、一九九八年）

（『ＩＤＥ――現代の高等教育』、一九九九年一一・一二月号）

5　大学のオートノミーと大学評価
――日本教育学会大会シンポジウムから――

(1)「転換期」ということ

本シンポジウム(「大学評価の新段階」)の趣意書には、「大学評価は『自己点検・評価』の導入に次ぐ新たな転換期を迎えている。新たなシステムの具体像はいまだ明確でないが、それが、『大学人』から『第三者』の手になるものへと、さらに『自己改善』から対外的な『アカウンタビリティー』のためのものへと、評価の原理・形態を大きくシフトさせる可能性は少なくない」と記されている。言うところの「転換」の中身は、(1)新たな「第三者評価」が、主として国立大学を対象とする官設の「大学評価機構」の設立をメルクマールとして現れてきていること、(2)その登場によって、これまでの大学の自己評価・点検が、国立大学を特定対象とする、しかも第三者によるそれへと変質しつつあること、の二つであろう。

この認識に現象面では同意しつつも、実質的には、次の三点を改めて強調しておきたい。

(1)「転換」は、大学設置基準大綱化以降八年間に及ぶ大学自身の自己点検・評価活動について、総括的な評価を経た上でなされているのか否か全く不明確である。(2)「自己改善」から「アカウンタビリティー」

への変化に関しては、とくに大学評価の「原理」の変化という点こそ重要視されるべきである。そのコロラリーには、「アカウント」(説明)の対象に何を措定するかという問いがある。(3)「転換」とは、実質的には、新しい大学評価が国立大学独立行政法人化の重要前提として組み込まれざるを得ないという大きなスキームの変化を意味する。とすれば、「新動向」は、国立大学独立法人化問題をどう評価するかという判断抜きに考えることはできない。

(2)「大学評価」ということ

そもそも「大学評価」とは何か。これまでの日本における「大学評価」をカテゴライズすれば、次の四つになると考える。

(1) 社会的評価
(2) 行政的評価
(3) 自己評価
(4) 相互評価

近年の動向からすれば、(5)として、各地の国立大学等が始めている「外部評価」という機関評価の形態も加えてよい。

(1)は、受験生、父母、マスコミ、受験産業を含む教育産業、卒業生の受け入れ機関である官庁、企業等によって担われる。この評価が、少子化の動向のもとで現在個別大学の「サバイバル」を左右する要《かなめ》となっていることは言うまでもない。この評価をいかに向上させるかは、個別大学の死活を制する重要事となっており、たとえばこの数年間の大学案内の改善などを見れば、取り組みの最も進んだ分野だと言える。

(2)は、戦後もっぱら設置認可行政の際に行われてきた評価である。ただし大学・短大の設置認可抑制策のもとで規格化・画一化を強いるものになっている、という批判を受け、臨時教育審議会の高等教育自由化路線以来とみに緩和が図られ、設置基準の「大綱化」を初め、近年徐々に緩和されてきた。

(3)は、大学基準協会によって一九八〇年代初めから唱道された評価で、大学の自己改善の方策としてアメリカの例などを参照して立案された。臨教審以来の流れの中で立法化され、「努力義務」の対象となった。ただし、設置基準では「自己点検・評価」という鋳造語として立法されたが、自己「点検」は認めうるとしても、「評価」とはもともと他者あるいは第三者によって行われる行為だから「自己評価」はそもそも語義的に矛盾を含むという説もある。

(4)は大学基準協会によって戦後担われてきたものであるが、一九九五年以後、同協会の活動方針の改善の中で強化され、今日では、大学の自己改善にとってかなりの程度有効なシステムになっている。

(3) 現在の問題点

さて「自己改善からアカウンタビリティーへの転換」とは、以上の分類に沿ってみると、第五のカテゴリーとして「第三者評価」が加わったということではない。そもそも(1)の社会的評価も第三者評価の一つである。(5)として加わるかもしれないと述べた国立大学等の外部評価も、同様である。これにひきかえ、国立の大学評価機構の成立は、(2)の行政的評価の中にコロラリーとして第三者による評価が加わった、ということを意味する。言い換えると、大学評価をめぐる舞台装置の構造は、あくまで「行政的評価vs自己評価・相互評価」を軸として成り立っており、それが行政評価の圧倒的比重増のもとに、大規模な形で再整備されつつあると見ざるを得ないのである。

次にこの新しい行政的評価の結果について、そのアカウント対象(相手)は何か。「透明性の高い第三者評価機関」すなわち国立大学評価機構の設置を提唱した大学審議会答申(一九九八年一〇月)は、評価結果のアカウントについて「国民」に対しての説明責任と、被評価者つまり大学自体に対する開示・討議の必要とを述べていた。

「第三者機関による評価の内容、方法については、……複数の評価方法に基づき、多面的な評価を行うこと、評価の結果については、国民に対して分かりやすい形で公表されること、被評価者に対して評価の結果及び理由が示され、それに対して意見を提出する機会が設けられることが適当である」。つまり、この段階では、アカウントの対象は、納税者たる国民一般でありまた大学自身であった。

さらに評価活動それ自体についても、答申は、「各大学の(事柄に応じ学部・学科単位での)個性や特色が十二分に発揮できる」ことをめざして評価の複数化を求め、「第三者機関は、大学共同利用機関と同様の位置づけとし、大学関係者の参画を得て運営を行い、その専門的な判断に基づいて自律的に評価を実施することが適当である」。「入学試験の偏差値情報などの偏った評価情報ではなく、学術・文化両面での活動等の公共的な側面を含めて、教育研究機関としての特質を踏まえた適切な手法により大学の諸活動状況を多面的に明らかにすること」と、その自律性を強調していた。

だが、国立大学の独立行政法人化が本格日程にのぼってきた今日、アカウント対象(相手)は、文部省(文部科学省)および大蔵省(財務省)など政府自体へと移行して行かざるを得ないだろう。

先の論点を踏まえて言えば、ここで提案されている第三者評価は「第三者による、行財政効率化のための行政的評価」へと変質することが、十分に予想されるのである。換言すれば、効率の原理と競争の原理とを大学の教育・研究の深部へと浸透させる最強力なツールになりかねない。それは、〈自己変革を目標とした、相互啓発を伴う自主的評価活動こそが大学改革の出発点である〉と考える著者の大学評価観の対極にある。

むすび

国立第三者評価機関の設置は、かりに将来、対象として公立大学、私立大学を含むものに拡大すれば、相互評価を旨とする大学基準協会の存在そのものと対立する。この問題は軽視すべきでない。だが、より深刻なのは、巨大な舞台転換の上で、大きな変化が予測されるということである。

このように考えると、「大学評価の新段階」と題されたこのシンポジウムの本当の主題は、〈「国立大学独立行政法人化」と大学評価の関連についての、予測を含む考察〉ということになるのではあるまいか。時間が許されれば、独立行政法人化問題についてのコメントも試みたい。(著者注：討論の中で結局この時間はなかった。）

〈参考文献〉

大学審議会『21世紀の大学像と今後の改革方策について（答申）』平成一〇（一九九八）年一〇月二六日
寺﨑昌男『大学の自己変革とオートノミー』、東信堂、一九九九年
（日本教育学会『教育学研究』第六八巻第一号、二〇〇一年三月所収。二〇〇〇年八月、第五九回研究大会報告）

〔コラム〕　大学を見る「目」

「大学の先生方は、学部案内のパンフレットを学者仲間に見せるために書いておられるんじゃないんですか。進路指導室には壁いっぱいに大学案内が送られてきます。仲間うちの文章など誰も読みませんよ。高校生、それも一年生に分かるように書かなければだめです。進路は一年生の終わりに決まることが多いんです」。

「生徒達は、どこへ行けば何を学ぶことができるか、その先に何があるか、よく知りたいと思っているんです。学部・学科・コースの果てまで、勉強の具体的な中身を知りたいと思っています。ムード広告や独りよがりの文章では、何の役にも立ちません」。

「オープン・キャンパスをなさいますね。あのとき大事なのは、ちょっとした出会いです。教室が分からないでうろうろしているとき、廊下で会った先生や職員がどうやって教室を教えてくれたか。その態度一つで、『あの大学は絶対受けません』とか『冷かしで行ったんですが、是非受けてみようと思いました』とか言うんです。大事なのはプログラムじゃない。ちょっとした対応です」

高校の先生方の遠慮ない話を聞けたのは、シンポジウムをやったおかげだった。立教大学にいたころには、発足直後の全学共通カリキュラム運営センター主催で「外から見た大学」と銘打って開いた。今勤めている桜美林大学でも大学教育研究所主催で「外から見た桜美林大学」を開いた。いずれも一番感心したのは、出席した学内教職員だった。

大学の人間は大学を知らないとよく言われる。当たっている。自分が勤務している大学の組織や制度のことでも、からきし疎《うと》い人がたくさんいる。日本には法学士も文学修士も工学博士もないんですよ、ただ「学士」「修士」「博士」の三つの学位があるだけです、と言うと驚く先生が、今でもいる。内部制度にしてそうだから、外から大学がどう見られているかなど、およそ眼中にない人もたくさんいる。高校の先生だけでなく、ジャーナリスト、進学情報企業の専門家、審議会委員などを幅広く招いたシンポを企画したのも、学内のそういう流れに警鐘を鳴らしたかったからである。

ところで、外からの目と言えば、大学評価はいよいよ新しい段階にはいる。この四月、学位授与機構の中に、それと並んで、大学評価機構が新設され発足した。新機構は正確には「大学評価・学位授与機構」と言う。

折しも、国立大学の独立行政法人化が推進のテーブルに載ろうとしている。活性化と効率化を標榜する制度であり、しかも、法人とは言え、財政は基本的に国に握られている。となるとその前提に強力な「評価」メカニズムが不可欠なのは、子どもにでも分かる。

つまり評価機構の発足によって、外からの大学評価はこれまでになく巨大なステージを準備され、新段階に入ったのである。

筆者はこれまで、大学評価は「社会的評価」「行政的評価」「自己評価」「相互評価」の四つのカテゴリーに分かれると考えてきた（拙著『大学の自己変革とオートノミー』参照、東信堂、一九九九年）。仮りにこれを使うと、新段階とは、「行政的評価の圧倒的な比重増が、国立大学を主たる対象として起きてしまったこと」を意味することになろう。今のところ評価機構の評価予定対象は、国立大学にかぎられている。だが公・私立大学が巻き込まれないという保証はない。大学審議会は答申でそれをほのめかせている（九八年一〇月答申）。

「厳しさのいよよ加わる」時代がやってきた。自己変革をめざす模索と改革に賭けるか、サバイバルとリストラの激流に呑まれていくか。大学は大きな分かれ道に立っている。

（『大学と教育』第二八号巻頭言、東海高等教育研究所、二〇〇〇年九月）

6　アカデミック・フリーダム・ＦＤ・大学審議会答申
——大学教育学会シンポジウムから——

(1) 答申の読み方について

この大学審議会答申（一九九八年十月）のような文書は、しばしば大学論として読まれる。しかし著者は、政策文書として読む。そのように読むべきだと考えている。なぜなら、ここに盛られているテーゼは、制度化特に法制化の可能性を持ち、またそれを予想して記されているものだからである。その可能性や実現に向けての提案文書として読むことこそ肝要である。さらに言えば、提言による学校教育法改正や省令改正等を通じて、やがて我々の前に、ある種の現実が、行政権を背景として現れてくる。それについて我々はどう考えるかを判断しつつ読むべき文書だと考えるのである。

(2) ＦＤの努力義務化

そのように読むと、第一に問題にしたいのは、ＦＤの強化のため、それを実施する旨を関係規定に盛り込むべしと提唱している点である。

この点について、著者は、大学教育学会原一雄会員のご指摘に基本的に同感である。端的に言えば、「何を今さら」というのが率直な感想である。

この提言の背後にたとえばこの大学教育学会における研究の蓄積というものは生かされているのだろうか？　数年をかけてこの場で交流されてきた実施体験や成果が、顧みられているのだろうか？　またここに提案されているような形でFDが実施されるようになったとき、現実にどのような事態が生まれるかについて、大学審議会委員の方達は想像力を働かされただろうか？

答申には「各大学はFDに努めるものとする旨の規定を設けることが必要である」と記されている。しかし法令用語解釈の示すところによれば、「ものとする」という文言は「努力義務」たることを越えて、むしろ「義務」を意味する強制力を持つ。学習指導要領上の同様な規定が、小・中・高校の学校行事などに多くの実質的義務づけを強いていることはよく知られている。その事態を見れば、この文言が語るのは重大だと言わなければなるまい。

すなわち法令改正によって、全国の大学・短大で一斉に形式上のFD活動が行われ、それへの教職員の参加がチェックされるという事態も想像される。また私学ではたとえばこの大学教育学会への出席を評定のポイントに数える、といったことも起きるかもしれない。財政危機を考え合わせれば、国庫補助確保をめざしてこういう事態が起き兼ねないのである。また、国立大学では、FDの施行が独立行政法人化以後にはポイントの一つに数えられて、「普及」するかもしれない。

半ばジョークと思われそうなこうした事態が生まれかねないことに、提案者側のイマジネーションは及んでいるだろうか。

(3) 第三者評価機関の設置

第二の問題は、第三者評価のための機関を国立機関として設ける、という提案である。この点に関して、著者は従来行ってきた主張を繰り返す他はない。すなわち大学の相互評価の機関として半世紀の歴史を持つ財団法人大学基準協会が存在し、自主的な相互評価活動を軌道に乗せ、この数年特に実績も上がってきつつある。著者は、大学の評価を社会的評価、行政的評価、自己評価、相互評価と分節的に捉え、中でも自主的な相互評価の充実強化こそ現代の大学にふさわしい中核的な活動だと考えてきた。その観点からすれば、この答申が提案している国立形態による第三者評価機関の設置は、大学基準協会を舞台にいま折角芽生えつつある新動向を、弱めこそすれ、励ますものではないと判断せざるを得ないのである。

ちなみに、この第三者評価機関は主として国立大学の評価を任務とする。ただし場合によっては私学も加えることができる、という風に書いてある。だが、著者の知人でこのような政策文書・行政文書の読み方に習熟している人々の言によれば、「このように書いてあっても、必ず私学が評価対象に含まれるだろう。いや私学自身がむしろ評価されたいと考えることすらありうる。そういうことを見通しての提案ではないか」と言うのである。仮りにそのようになれば、先に述べたような自主的相互評価の動きなど、雲散霧消するかもしれないのである。

(4) ふたたびFDについて

さてFDの問題に戻ろう。

大学にかぎったことではないが、教員の研究活動が専門性に立つ自由なものになるためには、次のような要件が必要であると考える。

1　その研究活動が実践的必要に即した共同のものであること（実践性と共同性）

2　実践的必要性に即しているか否かの評価は実践主体である教師自身の判断に依拠していること（テーマ設定の自由）

3　参加に関して自発性が保障されること（参加の自発性）

現在周知のように幼・小・中・高校では地域教育会、教育委員会、文部省等の手によって、さまざまな研修会が開かれている。しかしそれらが時に形骸的なものになりやすいことが批判されている。その事態は、上の要件の幾つかを欠く場合に起きる。

大学には学習指導要領のような公的教育課程はなく、したがって「テーマ設定の自由」は完全に保障されている。FDの存否も現在のところボランティア精神に近いもので決定される段階である。テーマ設定に関するファカルティーの自由な判断、参加の意志確認等は十分に保障されている。その他の要件についても、ほぼ満たされているように思われる。しかし、いったん「努力義務化」ないし「義務化」されて、一斉開催・出席義務化などが進めば、上記の要件を欠いて形骸化することが、大いに恐れられる。

著者の知るところでは、リベラル・アーツの教育、一般教育を、その必要性を自覚したファカルティーが集まって自主的に研究していこう、というのが、この大学教育学会の初志であった。それゆえに、先述のように原会員の見解に賛同するわけであるが、この初志に反する結果を答申が招くとすれば、それは厳しく批判すべきことと考えるのである。

(5) 成績評価の厳格化

さて、この答申の中で著者が唯一評価するのは、先の発題者・舘昭会員が指摘された大学教育目標の設定、すなわち「課題探究能力の育成」を謳った点である。大学教育の能力目標をこれほど端的に打ち出した答申は、中央教育審議会、大学審議会を通じて戦後なかった。また、教養教育の重視を改めて強調している点も高く評価してよい。

もっとも、うがって言えば、この答申がこれほど教養教育を強調する背景には、行政責任の自覚があるのかもしれない。すなわち一九九一年の改革すなわち大学設置基準のいきなりの大綱化が、各地の大学の教養教育の空洞化や弱体化の原因となったことについて、大学審議会として行政責任を取ったのかもしれないとさえ思われる。

それはおくとして、この教育目標設定提案の基礎にどのような大学教育観があるのか、という問題になると、答申はやはり明晰さを欠いていると判断せざるを得ない。

公表時に最も話題を呼んだ「成績評価の厳格化」の部分は次のようになっている。

「大学の社会的責任として、学生の卒業時における質の確保を図るため、教員は、学生に対してあらかじめ各授業における学習目標や目標達成のための授業の方法及び計画とともに、成績評価基準を明示した上で、厳格な成績評価を実施すべきである。なお、厳格な成績評価の実施の結果、留年による収容定員超過が生ずる可能性があるが、こうした定員超過については大学の設置認可や私学助成の際に弾力的に取り扱うことが適当である」。

高邁な理念と大変現実的な「配慮」が交錯している文章であるが、ここで強調されているような「成績評価の厳格化による留年者増加」が出現したとき、大学教育はむしろ破壊されるのではなかろうか。たとえば四分の一の学生が落第し、それを繰り返した結果、四年生の実員が仮に一・五倍になった、というような状態が生まれたとき、大学では授業が成り立たなくなるのではなかろうか？　他方、近年、就職見送りによる卒業延期者が著しく増えている。そのような「留年」と教員の「責任感ある評価結果による留年」とは、どこで見分けられるのだろうか？

また、もし大学改革の実を示すために成績評価だけをやたらに厳しくするような動きがあちこちで生まれるならば、それは学生にとっても教員にとっても不幸な事態である。

大学教育の現場にいる者の感覚からすぐに思い浮かぶこれらの疑問に、やはり答申は配慮すべきであったと思う。大学教育観に関わらせて言えば、この提言の背後には「インストラクション中心」の大学教育観があるのかもしれない。それはそれとして批判的に検討すべき問題点である。

(6) 教育条件と高等教育費

さて、答申もめざす大学教育の充実に最も必要な課題は何か。素朴に言えば、教員一人当たり学生数の削減、すなわち少人数教育の実現こそ、その第一歩である。そのために必要なのは、教員定数増にほかならない。この点、日本の現状がアメリカに比べてきわめて劣悪であるのは周知のところである。そのために何よりも求められるのが財政面の充実であることは言うまでもない。しかし答申はこの点にはふれるところきわめて少ない。

新聞等がほとんどふれなかったものに、答申本文の一七三ページから一七四ページの表「高等教育費への公財政支出の各国比較」がある。とくに「対国民総生産(GDP)比及び一般政府総支出比」の語るところは深刻である。

アメリカを始めとする一四カ国中、日本の高等教育費支出はGDP比でわずか〇・五％である。それはカナダ(一・六％)の四分の一強にすぎず、一四カ国中の最低である。日本の上に来るのはイギリス、イタリアの二国だが、それでも両国とも〇・七％になっている。

「一般政府総支出比中の高等教育費の割合」をとっても、最低のイタリア(一・四％)をわずかに上回る一・五％にとどまっていて、一四か国中一三位という低さである。最高のカナダは実に四・八％で日本の三倍強、第二位のアメリカは三・三％である。

「高等教育費の国民所得比」を見ても、アメリカ、イギリス、フランス、ドイツと比べて最低の〇・九％である。最高のドイツは二・〇％、他の三国もいずれも一％を越えている(英一・八％、米一・四％、仏一・一％)。

大学審議会は、なぜこれほど大切な数字を外に向かってアピールしないのだろうか。これらこそ、日本の大学問題の最肝要な「事実」である。日本の大学改革にとって、教員の教育意識の変革が重要であるのは言をまたない。しかし政策文書としての答申が最優先して論じるべきは、このような点の改善方策であるはずである。

(7) アカデミック・フリーダムとアカデミック・デューティー

このところ、大学院生達とスタンフォード大学元学長ロナルド・ケネディーの著作 Kennedy, R.: *Academic Duty* (Harvard U.P., 1997) を読み合わせている。

彼はこの中で professoriate という言葉を使って、大学教授の「教授職者性」とも言うべきものを吟味している。

ケネディーによれば、academic freedom という理念の対極に academic duty という理念があり、この二つはいずれも professoriate の成立にとってこの上なく重要なものである。その duty を支えるのは responsibility であるが、大学教授が持つべき responsibility の対象の第一は「学生」であり、第二が「大学」であると言う。

著者もこれに同感する。大学教員における、学生への「対応能力」を充実・強化させること、その能力を探究・研修・共有していくことは、今後の日本の大学教育改革にとって不可欠の要諦である。それを果たすために何が大事か。答申の語るところは、残念ながらこの答えからはるかに遠いところにあると考える。

（『大学教育学会誌』第二一巻第二号、一九九九年一一月）

（コラム）国立大学の独立行政法人化
問題雑感

㈠　この問題について書けという話をいろいろなところから受けたが、発言したことはない。そもそも推進しようとしている側の論理が分からない。

独立行政法人通則法という基本法がある。しかし国立大学を独立行政法人にするには、同法を適用しては支障が多すぎる。そこで幾つかの特例をつけた個別法を準備した上で実現したい、ということのようである。国立大学協会は反対であり、他方、最初反対だった文部省は「行革」の流れに抗する術《すべ》はないと判断して同調に踏み切った。学長選考は選挙で行く、中・長期目標の評価には研究教育の論理が通るようにする。教職員は法人組織になっても国家公務員身分のままにする、といった幾つかの保留条件をつけて、呑まざるを得なくなっている。このあたりまでが、二〇〇〇年三月現在のところで部外の者に分かる経過である。

㈡　分からないことの第一は、多くの専門家が指摘している上位法と下位法との関係である。通則法を前提に個別法が生まれる場合、後者は当然前者の下位法ということになる。ところが、この場合上位法がその役割を果たせそうにはない。逆から言えば、下位法（国立大学対象の個別新法）の構想は、上位法を大きく踏み外しているとしか見えない。そもそも「法人」になった機関のなかに「公務員」身分のものがいるということはありうるのか？　前文相有馬朗人氏は、公務員身分の保障があったから賛成に踏み切ったという（蓮見重彦氏との対談、『論座』二〇〇〇年一月号）。面妖な条件である。百歩譲ってそれが通ったとしても、法人の長を職員が選挙するというようなことが許されるのか？　JTの総裁を職員の選挙で決めるなどできるはずがない。それを侵そうというのだから、分からない。将来もし正面切った法律論が出てきたら、おそらく学長選挙制度の保障はないだろう。

第二は、それにつけても、そもそも「独立行政法人」

とは何か、ということになる。

「『独立行政法人』という言葉は誰が鋳造したのか。……『検討中』という逃げ方や『個別法』への依存ということは定義の先送りあるいは拒否を意味する。つまり、独立行政法人の内容はいまだに規定されていないし、実際上、法案は存在しないということである」(カリフォルニア大学サンディエゴ校教授、マサオ・ミヨシ「グローバル・エコノミーと独立行政法人」『激震！国立大学』、未来社、一九九九年)。

素人にもよく分かる立法批判論である。「鋳造」とは至言だと思う。全体として滅茶苦茶なまま、騒ぎは広がっている。

㈢　にもかかわらず、趨勢は動かしがたい、という話かもしれない。ここで行政改革、経済戦略会議、閣議決定といった公務員定員削減案の経過や、大学・学校総体に競争原理を貫徹させるという教育改革の動向一般を論じる余裕はない。だが第三の疑問を言えば、大学自身の中から生まれたのでもない制度変革要望に、なぜ大学はこれほど揺さぶられなければならないのか。

システムを変えるべきだという要望が国立大学の中から出てきて、その結果立法で行き詰まっているというのなら、分かる。事柄は全く逆で、すべては外から始まり、避けられず、やむを得ず抜け道を探して防護服を借りてくる、というようなストーリーになっている。国立大学の教官有志は、新聞広告にまで踏み切って、反対の意思表示をしておられる。だが批判・反対への賛同者が必ずしも多数ではないらしいことが気になる。

国立大学を改革していく好機だ、これを受け入れて変えていこうという論もあるが、有志の主張通り、いったんこの制度を受け入れたら、研究と教育の一層の細分化と教育研究の基礎的部分の切り捨てが進んでいくのは避けがたいだろう。批判こそ国立大学勤務者の当面の義務ではないかとさえ思われるのだが、それにしても危機感が薄いだけでなく、大学や専門分野ごとに大きな温度差があるらしいことが、大いに気になる。

㈣　日本の国立(旧・官立)大学にも大学の中から設置

形態を変えようという動きが出たことがある。一八八九(明治二十二)年のことだった。この年、帝国大学内部から二つの「独立」案が出ている(A・B)。加えて、政府内部にも、これらの案を受けて作ったと見られる法案(C)が残っている。

A　帝国大学独立案私考
(帝国大学条例案、一八八九年四月一日付)

B　帝国大学組織私案
(帝国大学組織案、　同年五月作成)

C　帝国大学令改正案
(同年四〜一二月作成=推定)

三種のうちA・Bの存在を学界に紹介したのは大久保利謙氏だった(『日本の大学』、創元社、一九四三年)。のちに著者はCを発見し、次いでA・Bの起草者と相互の異質性を論証し、博士論文中で重点的に取り扱い、三案の全文を復刻しておいた(『増補版　日本における大学自治制度の成立』、評論社、二〇〇〇年)。

詳細は省くが、Cを除きAもBも、大学の政府・議会からの運営的財政的自立をめざした本格的な立案だった。Aは評議員クラスの上層部から出たものだった。Bは教授会自治中心原理に立つ二七名の少壮教授達の連署立案である。こうした違いはあるものの、内容は徹底した自治案だった。大学を行政府から分離する。総長職に当たる総裁は文部大臣任命でなく皇族から迎えて名誉職に棚上げする。参事会を置いて外部意見の導入を図る。財政安定は基金設定で保障させる。こういった構想が、共通に貫かれている。〝これまで国立大学の設置形態が問われたことはなかった〟などという謬見が吐かれることがあるが、とんでもない。右の諸案は、官立大学の設置形態そのものについて大学人が真剣に考え、自治を本気で模索した痕跡である。教授会自治、外部からの運営参加、財政自主権などの現代的課題が、堂々と論じられている。

(五)　だが歴史的視点を加えて今回の問題を論じた論説などを読んでも、評論家の東大批判は引用されてもこのような史実は一瞥もされていない。教育史の研究成果の「効用」など、専門家の理解にすら遠い。この文章の読者は教育史研究者であるから敢えて強調するが、「法人化」された大学の中で教育史の研究や教育が生き延びることなど、到底できないのではないか。

㈥ 繰り返すが、重要なのは、右のような改革案が基本的に大学の側から発されたということである。言うところの独立行政法人化問題が、もし国立大学の中から自己変革の構想として出発し立法問題で揉めている、というのなら、大いに発言の価値がある。だが経緯は全くその逆である。

国立大学で禄を得た時期もある著者は、座視すべき立場にはないかもしれない。だが任期制法案問題の時ほど積極的に発言する気持ちにはなれない。現在の国立大学の方々の省察に待ちたい。とくに教育史担当教官の役割は小さくないはずであり、本当はひとごとではないのではないだろうか。

教育史研究の同人が読まれる本誌に執筆を求められたのを幸いに、一言筆を執ってみた。

（日本教育史研究会『日本教育史往来』第一二五号、二〇〇〇年四月）

〈3〉 大学文書館と大学史研究

7　大学アーカイブスと大学改革——回想・状況・意義——

はじめに

つい最近の話である。二〇〇〇（平成一二）年一一月、京都大学に大学文書館が開設された。正確には「京都大学大学文書館《ぶんしょかん》」と言う。

百年史編集委員会の提案にもとづいて、学内措置によって出発したもので、「京都大学の歴史に係る各種の資料の収集、整理、保存、閲覧及び調査研究を行う」ことを目的とする。館には「教授、助教授、講師、助手及びその他の職員を置く」という本格的なものである。調査員を置くことも予定されている。館長は学内教授から総長が指名する。副学長以下の幹部教職員からなる運営協議会が運営に当たる。

ニュースに接して、筆者は少なからざる感慨をおぼえる。以下、感慨にこと寄せて、東京大学勤務時代の思い出を交えながら、大学アーカイブスの状況と意義を振り返ってみたい。

(1) 東大のころ——萌芽期

まず、「大学文書館」という名称それ自体、感動的である。

これまでも、国立大学に新しい機構を作ろう、その一つを文書館にしようと思った人々はいた。著者も、そう考えた者の一人だった。『東京大学百年史』の編集刊行がそろそろ中盤にさしかかっていた一九八五年のことである。

黙っていれば、事業終了と同時に委員会は解散し、編集室は閉じられ、資料は四散するか、運がよくても百五十年史のときまで封蔵されるだろう。百年史の資料収集を開始したころ、一九三二（昭和七）年に刊行された『東京帝國大學五十年史』の史料群中の重要な一部が、杳《よう》として行方不明になっていたことも、痛切に思い出された。何としても新しい施設を作って引き継がねばならぬ。編集室メンバーは皆そう考えた。

だが、そもそもその施設をどういう名称にしたらよいか、適切なものがなかなか決められない。

国立公文書館や県の文書館にならって、大学文書館あるいは東京大学史資料館などにしては、というのがすぐに思いついたことだった。しかし、「地味すぎてとても今の時代には通らないでしょう。附属図書館もあるし総合資料館もある。どこが違うのですか」というのが、学内の反応だった。本部にいたある課長は、「今の文部省では『情報』という言葉ならすぐ通るでしょうね」と言う。つまり「東京大学情報センター」とでもして、その一部に沿革史関係の情報資料もあります、というような形なら概算要求をできるのではないか、という話なのだ。

編集室の私どもは、すでに膨大な行政文書・私文書・関連史料を集め、検討し、書き、通史編と資料編の第二巻、三巻を次々と出版するのに忙殺されていた。その現場を「情報センター」などに仕立てるのは、現代的で賢い通し方かもしれないが、しかし何か肩すかしを食ったような思いである。はっきり言えば軽薄きわまる着想に思われて、とても乗る気になれなかった。

では東京大学「アーカイブス」というのはどうか。これは仲間内では有力な意見だった。だが、いかんせん資料館よりもっと通りが悪い。ＮＨＫが保存フィルムを使って「ＮＨＫアーカイブス」などという番組を組むような現在とは、大きく違っていた。「ライブラリー」ならまだ分かる。アーカイブスなんてそれ何ですか」というのが、圧倒的な雰囲気だった。

記録を繰ると、一九八五(昭和六〇)年三月に、編集室専門委員会は当時の平野龍一総長あてに「東京大学史史料センター(仮称)設置の提案」という文書を出し、一〇月には新任の森亘総長にあてて「東京大学史編集室史料の措置について」という文書を提出している。いずれも委員長(著者)と専門委員諸氏とが総長室に出向いて丁重に説明したものだった。だが名称のところは「仮称」となっている。提案する方も腹が決まっていなかったのである。

貴重な資料を雲散霧消させてなるものか。当時はそれだけを考えていた。相当な焦燥感があった。だがそれだけでは進まなかった。どちらの総長からだったかは忘れたが、「史料というのは何メートル位になるのですか」と聞かれて、あわてたのを覚えている。本部所蔵の行政文書を集めれば、何百何十メートルになるか、見当がつかない。

専門委員には、近代建築史の稲垣栄三教授(工学部)、現代史研究で今も超人的な文書発掘をやっている伊藤隆教授（文学部）、日本文化史専攻で平安日記研究の専門家益田宗教授（史料編纂所）がいた。そのほか大学史専攻の著者（教育学部）、それと編集委員会専門委員には近代史研究者で『東京帝國大學五十年史』を執筆された大久保利謙氏、近代日本教育史の仲新・元教授（教育学部）、科学史専攻の渡辺正雄教授（教養学部）などがおられる。センターができればそれを支える専門的エネルギーには事欠かないはずだった。だが重なる意見書は、宙に浮いたままだった。

その後の経過を言えば、やっとのことで一九八五年一一月に西島和彦総長特別補佐（理学部）のもとに「東京大学百年史編集史料の保存に関する懇談会」という懇談会を発足させてもらった。

この懇談会は、とりあえず学内に「東京大学史料の保存に関する委員会」を作り、そこが「東京大学史史料室」を管理運営する、その史料室には現存の百年史編集室を当てる、という結論を出してくれた。通史編第三巻、資料編第三巻、部局史第一巻が刊行される直前、一九八六年三月末のことである。こうして今活動している「東京大学史史料室」が出来た。

懇談会答申の末尾には、将来については東京大学国際学術交流センター（現在の先端科学研究センター）の中に「大学史研究情報室」を作るか、独立の「東京大学史史料センター」を置くかどちらかだ、と一応記されている。ただし、「〔後者を設置したいというのは〕決して過大な要求ではないであろう」という結語が付けられていた。つまり、懇談会自体、大いに腰が引けていたわけである。

こうして、やっとのことで「学内措置」という形をとって、当面助手一人というスタイルで史料室ができた。一九八七年一〇月のことだった。ただしその虎の子の助手ポストも、二年後には本部に引き揚げられて、代わりに職員一人がついた。

十数年前の東京大学のこうした経過を回想しつつ京都大学のニュースに接すると、史料の収集と整理保存、調査研究の中心施設を独立の存在として立ち上げ、名称をズバリと「大学文書館」とされた同大学の挙は、拍手に値する。

「名称が感動的だ」というのはその意味である。

(2) 東大のころ——組織の成り立ち

次に、最も堅い「旧帝大」の岩盤に、学内措置とは言え、これまでより一歩進んだ、輪郭のはっきりした穴が穿たれたのが印象的である。

沿革資料の保存・収集・活用に当たる専門施設を持つ旧帝大は、これまで東北、東京、名古屋、九州に限られていた。そこへ京大の大学文書館である。この一歩は大きい。

九州大学には東京大学ときわめて似た経過をたどって、一九九二年に九州大学史史料室が発足した。ただしここには早くから専任講師のポストが用意されていた。東大にやっと助教授ポストが付いたのは一九九九年になってである。東北大学ははじめ記念資料室を設置し、早くも一九八六年から立派な記念館の中に位置するようになっているが、まだ助手ポストを持つにとどまっている(注：二〇〇〇年十一月には大学文書館と改称され、助教授ポストがついた)。

比較的余裕のありそうな旧帝大といえども、いやむしろ歴史が古いからこそ、新しい施設を作るのは難しい。時流に乗れる理工系の施設は別として、地味な人文社会系施設を新設するのがいかに困難かは、中に入ってみなければ分からない。

第一に、施設には人が要る。その定員が果たして文部省から来るかどうかという難問がある。定員削減の相次ぐ中で、これは超難問である。仮りに学内の融通で定員を獲得したとして、後述のようにそこに座る人間をどこの部局の所属にするか、という問題が待っている。

第二に、新しい施設を作るとはすなわちそれを予算積算の基礎をなす「部局」にするということなのだが、それは定員獲得以上の難事である。東大でなかなかことが進まなかったのは、今思うと「研究センター」という新部局を作るべきだとはじめから前提していたからだった。それができないなら新しい大きなセンターに「割り込む」ほかはないと発想していた。京都大学のように(また東大でも結果においてそうなったように)、学内措置で作っておくといったアイデアはなかった。前提の考え方自体に、当時の状況下では無理が含まれていたように思う。

第三に、学内措置でポストが付き人が決まったとしても、その人は、必ずどこかの既存の部局に付かなければならない。部局に所属しない定員はないからである。「嘱託」制度を廃止し技手もなくした戦後の公務員制度は、こういうとき思わざるハードルになる。

東大の場合は、編集委員会委員長(著者)が教育学部教授だったこともあって、すんなりと「史料室の助手は教育学部所属でいいではないか」ということになり、教育学部自体もとくに異を唱えず受け入れてくれた。スムーズに運んだからよかったようなものの、一歩こじれたらどうなったか分からない。A学部やB研究所から「うちにもらいたい」という声が出たら部局間で紛糾するし、教育学部が「授業支援をしない助手など邪魔だ、要らない」と言えば、終わりである。

手続きには細心の上にも細心の注意を払った。全学的規模からなる先述の「東京大学史料の保存に関する委員会」で学部教官人事と同じ選考手続きを踏み、所属予定先も決めてもらい、その上で教育学部教授会で正式議題としてもらい、再び候補者の業績報告まで行って、了承を得た。つまり「正式に正面から庇を借りた」のである。その助手候補者とは現在の助教授・中野実氏（故人）のことなのだが、同氏がいったん立教大学に出てまた助手で戻ったとき、および先述の助教授への昇任のときにも、同じような手続きが取られたことと思う。

財政難と行政改革、学部部局制度の確立およびそれと裏腹をなす硬直性、新機能に即応すべきポスト新設の難しさ、といったもろもろの条件が、国立大学では新しいミッションへの対応を困難にしている。大学史史料への対応といったことは、その最たるものである。

国立大学共通のこの困難は、旧帝大では別の姿を見せる。定員に若干のゆとりはあっても、大規模で錯雑した部局構成が意思形成を困難にするからである。事態を全学意思で解決した京都大学の例を、「新しい一歩」と言うゆえんである。

もっとも、私立大学にも類似した事情がないわけではない。もともと財源不足や財政不安は国立の比ではなく、学内諸部局の対立や葛藤もある。だが全体としての阻害条件は、国・公立より緩やかであるように思う。

創設者のはっきりしている大学は、その遺品の収蔵を考えることから大学史資料室(館)の開設に着手することができる(同志社の例など)。そうでなくても、理事会の英断さえあれば、そこでの方針決定で史資料室を新設することは可能である。国立と違って、やれ学内措置だ、省令設置(文部省令による予算の付いた正式設置)だなどという区別はない。いざ事業が始まってからも、教職員、同窓会、校友会等の結束は国立大学に比べればはるかに強く、協力を得やすい。加えて、後述するような新時代の要請は、国公立大学同様、私立大学をも動かしている。

早稲田、慶應義塾、同志社その他の大学で資料保存や公開の作業がすでに大いに進んでいたのは、羨ましいことだった。国立大学は、その後塵を拝していた。だが一九九〇年代後半を迎えて、以上のように一部の大学だけは、ようやく併走するところまできた。無用な競走をしなくてもよい。併走しながら、励まし合ってゆけばよい。

東京大学史史料室設置以後の一四年間を振り返ってみると、大学史編纂に携わる人々の全国組織もすでに結成されている。すなわち、東日本と西日本にそれぞれできていた大学史関係者の協議団体は、一九九六年に合体して「全国大学史資料協議会」という団体にまで育っている。これは昔に比べて大きな差である。そういう場で情報を交流しながら、大学関係史資料の収集と整理、そして公開と研究が進めばよい。国際的な交流も今後の大切な課題になるだろう。やがて日本のすべての大学に文書館が作られる。日本の「大学」が本当の大学になる日がそうやって明けてくると思う。

(3) 諸外国の状況

それにしても、大学史資料室の設置などという作業がなぜ必要か。著者はこれまで何編かの論文を発表してきた。回想とともに補いながら記してみると、以下のようになる。

第一に、自校の文書や物的資料を保存しておくことは「大学」にとって当然の責務だ、という点である。

このことをいやと言うほど分からせられたのは、一九八〇年から二年間がかりで東大の百年史編集室が主体になって行なった世界および日本対象の文書館調査だった。

とりわけ外国に対しては『World of Learning』を使って、世界のアーカイブスにアンケート調査をしたのだが、それには単なる回答だけでなく続々と資料が送られてきた。たちまち事務室は満杯状態になった。返事と資料を合わせて読むと、意気込みというような大げさなものがこの反応を生んだのではないことが分かった。「当然存在すべくして存在している機関」からの、日常性を思わせる回答であり反応であった。

このころ、国立教育研究所（現・国立教育政策研究所）の横尾壮英さん（故人）、明治大学の別府昭郎さん、東京外国語大学の弥永史郎さん、和光大学の田中政男さんといった方々を招いて各国の大学アーカイブス事情について詳しくお聞きした。いろいろな文献も読んでみた。そして分かったのは、図書館、博物館、文書館の三つが、近代の本格的大学が備えるべき三つの必置施設だ、という命題だった。

このような情報は、アメリカを訪ねることで確信に変わった。

一九八三年一〇月、ミネソタ州ミネアポリス市で開かれた全米アーキビスト協会（SAA：Society of the

American Archivists）に単身参加してみた。参加者約五〇〇人、市内の伝統的なホテルを借り切って五日間開かれたこの大会の熱気は相当なものだった。そして参加者中の積極的なグループの一つが、ユニバーシティー・アンド・カレッジ・アーキビストを名乗る人達であることが分かった。

彼らの開いたワークショップの席上突然指名され、「今東京大学でアーカイブスを作ろうと運動しています」という挨拶をしたが、皆ニコニコと当然のことを聞くように耳を傾けてくれた。アメリカの大学アーカイブスは、ヨーロッパ大学の遺産である原資料（マヌスクリプト）保存の伝統と、大学の地域社会へのサービスというアメリカ的伝統との結合として発展してきたと言われる。ワークショップの雰囲気や討論からも、このテーゼはきわめてよく納得できた。

知り合った女性アーキビストを頼ってミネソタ大学を訪ねると、でたらめに頼んでみた一九二〇年代の生物学部の時間割表がスッと出てきた。シカゴ大学では、依頼後瞬時に閲覧させてくれた教育哲学者デューイの実験学校創設書簡に感動した。日本風に言えば四年制大学も短期大学も、文書館を持っている。古い大学も新しい大学も持っている。いや、新しい大学ほど、地域へのサービスと大学のPRのために、大学アーカイブスを作り、絶えず展示会を開いたりして、資料公開に力を入れていることが分かった。

後に、先述のようにドイツやポルトガル、ヨーロッパ全体の例などを知るにつけ、大学にとって文書館、史資料館がいかに「当たり前の組織」であるかが、いよいよはっきりしてきたのである。

つまり、《アーカイブス設置は世界の大学の常識である》。このことを絶えず主張し続けなければならないと思った。

第二に、歴史研究上の有用性がある。

これについては、東京大学時代のたびたびの提案書で繰り返しふれた。東京大学の沿革関係史料は単に一大学にとって有用なのではない、近代日本の教育史はおろか、文化史、学問史、科学技術史、さらに経済史、政治史、社会史その他あらゆる局面にわたって貴重なものである、さらに伝記編纂等の面でも貴重きわまる情報を含む等々、さまざまのことを書いて強調した。

専門委員の渡辺正雄教授は、ご自分の研究の歴史を語って、たとえばアメリカの科学者の出自を調べるときに、アメリカの大学に所蔵されていた卒業者名簿や同窓会名簿等がいかに有用不可欠であったかという話を、編集室で披瀝して下さった。

大学アーカイブスの意義に関するこの側面は、とくに文科系の教員仲間では、説得力を持ったようである。

実際、海外研究調査旅行をして、イギリスの大学アーカイブスで作家の草稿を発見した英文学教授、株式会社の文書をもとに研究した経営学教授、ドイツ大学のアルキーフでお世話になった法学部教授など、学内にもたくさんいた。それでいながら、自分のいる東大にアーカイブスがないのを不思議に思わなかった、指摘されてハッとした、といった意見を寄せてくれた人もある。当時在米教育史資料を調査していた著者の友人・佐藤秀夫氏（現・日本大学教授）は、アメリカからの私信の中で「いたるところで大学アーカイブスのお世話になっています。日本の国立大学、それも東京大学にアーカイブスがないのは

『国辱』と言っていいことです」と記してきた。

話題は少しずれるが、アーカイブスができてその効用を最も享受するものの一つは、テレビ、新聞などのマス・メディアではなかろうか。

番組を組んでも、主人公の写真、卒業証書、古い校舎写真、教科書などがなければ絵にも写真にもならない。東京大学史史料室ができたあと、最も頻繁な利用者の一つは、こうしたメディアの番組制作者だった。著名人を卒業生や元教授に持つ大学は、こうした社会的要望にも応える必要がある。いや、何にもまして大学自体の大きなPRになる。テレビのドキュメント番組や人物ドラマのタイトルやテロップに「協力・東京大学史史料室」などと書かれているのを見るたびに、「ああ、作っておいてもらってよかった」と何度も思ったものである。

国立でさえそうだから、特に私立大学にとっては二重三重に貴重な宣伝の機会になろう。

(4) 情報公開・アカウンタビリティー・アイデンティティー

歴史研究上の有用性に関しては、少なくとも研究者仲間では異論はなく、合意を得やすいということは、あのころよく分かった。今後も、実際に各地のさまざまな大学でアーカイブスが作られ、研究上の効用が実証されれば、拡大の動きは高まっていくだろう。

だが回想に返ると、東京大学の場合は設置以後五年間ほどこれという動きはなかった。定員化された職員一人が守る（定員削減のもとではそれ自体奇跡的と言われたが）史料室はあっても、正規の部局になるという保証はなかった。

一九九二年、それは著者が東京大学の停年を翌年三月に迎えた年だったが、文部省の図書情報課へヒアリングに呼ばれたこともある。長年の私どもの訴えを理解された学内外の関係者の力添えによるものだったらしい。早速、現在も東京大学史史料室長を勤めておられる高橋進法学部教授とともに出向いて、以上述べたようなことを力説したのだが、それきりであった。

だがその後、事態は確実に変わりつつあると思う。

個人的見解も混じるが、以下の三点がアーカイブス設置の追い風になろう。いずれもここ一〇年以内に起きたことである。

第一は、とくに国公立大学に関して、情報公開法の制定（「行政機関の保有する情報の公開に関する法律」平成一一《一九九九》年）の影響は大きい。

かつて毛嫌いしていた「情報」という言葉を使うと、大学が持つ情報には、現用の文書史料が語る現代情報と、歴史情報とがある。

現在オープンにすることが求められているのは、もちろん現時点にきわめて近い現代情報とくに行政情報である。だが、歴史情報もいつ開示を求められるか分からない。国立大学はこれに備える義務がある。そのとき不可欠なのは、資料の整理・分類を全うしている、責任ある史料センターや文書館である。加えて、行政当事者にはすぐ分かるように、今日の現代情報は明日はただちに歴史情報となる。文書史料等の保有と整理を行い、いつでも開示公開できる体制を整えておかねばならない。これは国・公立機関にとっては重大な環境変化であり、一〇年前には予測のつかなかったものである。

思えば東京大学勤務時代には、情報公開の流れと関わらせて史料センター設置の必要を説くのは、まだ難しかった。現職者や卒業生のプライバシー保護、アカデミックな事項に関する守秘義務などの論点が職員教員双方から出てきて、アーカイブス設置への逆風になるかもしれない。それを危惧した。だが今は違う。

京都大学大学文書館に返って言うと、たとえば関係規定として「京都大学における行政文書の管理に関する規程」が制定されている。その第九条には、

「保存期間（延長された場合にあっては、延長後の保存期間とする）が満了した行政文書は、京都大学大学文書館へ移管するものとする」

と規定されている。もともとこの規程自体が、情報公開法に言う行政文書の分類、作成、保存に関する基準や行政文書の管理等についての規定（第三七条二項）にもとづいて定められているものなのである。

第二は、この数年間顕著になってきた大学の「アカウンタビリティー」への倫理的社会的要求の高まりがある。

独立行政法人化問題を抱えている国立大学にとって、もちろんその要請は厳しいが、私立大学も他人事ではない。

アカウントとは、もともと計算したり評価したり説明したりすることである。アカウンタビリティーは行為の責任を取ること、すなわち「説明責任」あるいは単に「責任」と訳される。大学が大学自身につい

てどういう勘定を出し、それを外に向かってどう説明するか。すべての大学が迫られているのはこれである。設立以来これまでの経緯を含めて、「アカウント」できる体制を作る必要が、大学経営的にも生まれている。

加えて、行政の側からは、自己点検・評価も強く求められている。著者の考えるところ、大学の沿革史編纂という活動自体、最も時間的スパンの長い自己点検・評価の作業である。その作業ののち、大学文書館や史料センターの設置を求める声がもし学内に起きるとすれば、法人や経営主体は、その声に責任を持って耳を傾けるべきであろう。大学のアカウンタビリティーを保障する最も確実な装置の一つを作れという、いわば天からの声だからである。時代はそのようになってきている。

第三点も、現代の大学問題の厳しさと関わっている。すなわち大学史編纂や資料保存・収集・整理・公開といった一連の仕事は、まさにそれぞれの大学が自校の個性を証明する不可欠の作業だということである。平たく言えば、「なぜわれわれはこの大学を作っているのか」「なぜ百年も続けてきたのか」を語るための、つまり歴史的存在理由を証明するための作業なのである。

京都大学大学文書館の設置提案という文書を読む機会に恵まれた。その一節には次のように記されている。

「本学を含めた従来の日本の大学が、史料にもとづき、自らの存在理由についてどれだけ考えてきたかとなると、実は甚だ心もとないのではないだろうか。大学組織の巨大化、学問分野の細分化によって、大学のあり方を歴史的、総合的に考える場が存在していないのではないかという疑問を感じざるをえない。このような場として期待されるのが大学文書館であると考えられる。収集した史料を基本に、自らの大学の歴史や大学のあり方についての研究・教育のセンターとして、学内外にさまざまなメッセージを発信することによって、本学にとって文書館は継続的、恒常的な自己点検の場となると同時に、所蔵史料を公開することによって、第三者からの評価にも応じられる開かれた場となるであろう」。

大学アーカイブスについての理解も現代化し深まったとつくづく感じる。

まさにここに記されているように、歴史学ディシプリンへの有用性といった狭い意味だけでなく、大学アーカイブスは、現代大学の蘇生と改革を大きく担っているのである。

第四に付け加えたいのは、上記の引用文にあるように、大学アーカイブスは、単に学術用にあるのではない。「研究」とともに「教育」の機能を持つことが期待される。

同じ京大文書の言葉を借りれば、「文書館は大学の構成員にとって自らの大学のアイデンティティーを確かなものとする場となりえよう」。

ところで、大学のアイデンティティーを求めているのは教職員だけではない。教育経験を振り返って言うと、とりわけ学生達が、それを強く求めている。たとえば明治大学という自分の「居場所」を確認することが同時に自分の存在を確かめる重要な方法であることを、彼らは潜在的に知っている。本誌『紫紺の歴程』の第四号(二〇〇〇年三月)でも伝えられている「自校教育」の実践が明治大学で行われていることは、高く評価されることである。沿革史編纂の実績がその背後にある。

九州大学では、七十五年史刊行後、史料室を開いたのち、低学年学生達を対象に「大学の歴史を考える」という総合講義が開設された。その講義は、数百人の聴講学生達が出席し、大好評を博したと言う。現職の総長も一コマを受け持ち、その授業風景を『西日本新聞』は大きく報道した。講義の基盤になったのは史料室の資史料であり、企画を受け持ったのは、同じく九州大学史史料室の教官達であったと言う。このような講義を、学生の親達や一般の市民、附属学校の生徒達が聞いたら、間違いなく強力な宣伝になるであろう。

なぜ自分はこの大学で学んでいるのか、なぜここにいるのかを自問し、他方で「充実した個性的教育」を求める学生達や受験者達の要望は、きわめて強い〈本書第一章二、および〈付〉参照〉。それらに応える装置としても、アーカイブスは、今後重要な役割を果たすことになろう。

むすび

日本でこれまで著者その他の大学関係者が唱えてきた大学アーカイブス論は、沿革史編纂作業始末論という趣を持っていた。

だが、現在および将来の大学アーカイブス論は、とりもなおさず大学改革論であり、また個別大学がサバイバルを越えて大学らしく発展するための提案である。本稿を執筆して、改めてそのことを痛感する。

明治大学においても、百年史刊行と併行し、ぜひとも適切な対応がとられることを願ってやまない。

〈参考文献〉

本稿には注記をしなかったが、参考文献として左記のものがある。役立てていただければ幸いである。

1　寺﨑昌男・別府昭郎・中野実編『大学史をつくる』東信堂、一九九九年
2　寺﨑昌男『プロムナード東京大学史』東京大学出版会、一九九二年

（明治大学大学史料委員会『紫紺の歴程　大学史紀要』第五号、二〇〇一年三月）

8　大学の年史を作る――見直されるべき意義と効用――

はじめに

「大学の年史なんて、創立記念式典でもらうあの重たい写真集でしょう？　読む人がいるんですか？」こんな言葉をよく聞いた。お義理で出席した来賓からではない。ほかならぬ学内者からである。個別大学の年史・沿革史（以下「年史」と書く）は、二〇年ぐらい前まで、「引き出物」のような扱いを受けていた。著者は幾つかの大学の年史編纂を手伝い、東京大学時代には責任者までさせられた。現在相談にあずかっている大学もある。その経験の中で、こんな扱いに大きな疑問を持つようになった。いや、客観的に、そんなことでは済まない時代になってきた。

「そんなこと」には、両面ある。

第一に、大学の経営体の扱い方である。年史はもはや、引き出物、記念品だと言って済む時代ではない。最も息長い、そして確実な「自己点検・評価活動」の公示文書である。また、建学の理念を確認する、アイデンティティーの証明書である。

第二は、年史を見たり読んだりする側の認識の面である。大学に勤務する教職員やそこで学ぶ学生や大学院学生、そのほか、校友会、同窓会などの関係者にとって、自分達の大学の歩みを、「ひとごと」と思って済む時代ではなくなった。自分達の大学が当面している危機を共に理解し、改革の課題を確かめるための素材が年史である。

本や冊子になった「作品」のことだけではない。そのベースになる資料の扱い方や編集の体制なども、各大学にとって昔日とは比べものにならない重要事になってきた。

きちんとした年史を出せるか。これは、その大学の実力とレベルを正直に表す指標である。個人的経験と比較検討の結果から断言していい。言い換えれば、どんなレベルの年史を出せるかは、外から見ての「大学評価」の重要な指標になる。写真集や図録などももちろん評価対象に入る。

(1) 年史編纂を振り返る

日本の近代大学の歴史は、さかのぼっても一五〇年程度にしかならないが、各々の大学が自分の年史を刊行するようになったのは、さらにあとだった。

飛び抜けて早かったのは、慶應義塾と法政大学である。『慶應義塾大學五十年史』（一九〇七年）と『法政大學三拾年史』（一九〇九年）がそれである。昭和戦前期になると、『關西學院史』（一九二九年）、『同志社五十年史』（一九三〇年）、『明治大學五十年』（一九三一年）、『半世紀の早稲田』（一九三二年）、『中央大學五十年史』（一九三三年）、『獨逸學協會學校五十年史』（同）というように続く。

慶應義塾や同志社を別として、これらの学校のほとんどは、明治一〇年代、すなわち一八八〇年代の私立法律学校勃興期に発足した民間私学だった。それらの半世紀の回顧と整理の作業が、一九三〇年代に集中した。

だが、この時期の年史は、実は「記念誌」に近かった。創設者と親しかった人々が健在だった。創設の関係者やその当人達も残っていた。初期の年史には、今は聞くすべもない「懐旧談」や「裏話」がたくさん盛り込まれている。

だが、歴史書として見ると不備があった。手前みそもある。本校こそ日本近代化の中心であると言わんばかりの誇大表現も、数多くあった。政府の文教政策や私学抑圧に対する不満も多く記されていたが、資料の制約と言論の不自由のもとでは、批判も不満も学問的なものにはなり得なかった。

官・公立学校が年史を出し始めたのも、私学とほぼ同じ時期だった。ただし官・公立では、行政責任とからんで、早くから「年報」「要覧」などを逐年出しており、その中に「沿革記事」といった形で学校の歴史が記されていた。私学よりは歴史記録の伝統は古いと言えるかもしれない。東京帝国大学、第一高等学校、京都帝国大学、東京商科大学、東京工業大学、大阪商科大学といった学校が、一九三〇年代から四〇年代にかけて本格的な年史を出し、今も歴史の参考文献として活用されている。

(2) 戦後と現在

事情は戦後大きく変わった。歴史研究者の本格的参加、政府・自治体等の公文書の開放、そして執筆の自由といった新しい事情が、年史編纂の進歩への追い風となった。

著者はかつて、こうした新しい条件のもとに生まれた代表的年史は、国立では『東北大学五十年史』（一九六〇年）、私立では『慶應義塾百年史』（一九六〇〜一九六九年）ではないかと記したことがある。現在もこの評価に変わりはない。ただし率直に言えば、『慶應義塾百年史』は大冊なるがゆえの粗密があって、むしろ「百五十年史」に期待したいところが大きい。これに比べ『東北大学五十年史』のほうは、歴史学者の手の十分に入った、戦後屈指の大学史だと言ってよい。

「歴史学者の手の入った」ということは、戦後の年史編纂の特質の他の一面を語る。「年史に対する史学的デイシプリンの浸透」である。資料の博捜、実証の手続き、史料批判、叙述の精錬といった記述面はもちろん、史料収集や保存の態勢、資料集の刊行、周辺史料の探求など、多くの点で、戦後の年史編纂は飛躍的に進歩した。

以上を第一期とすれば、一九七〇年代半ば以後現在までが第二期ではあるまいか。

この二五年間に、大規模な私学百年史がすでに刊行されている。順不同で記すと、同志社大学百年史、東洋大学百年史、稿本早稲田大学史及び同百年史、関西学院百年史、愛知大学史、明治大学百年史などが主なものである。いずれも数巻あるいは一〇巻に上る。立教学院も史料集と創設者書簡集からなる百二十五年史を完成した。伝統的な大学だけではない。筆者の知る限りでも、聖心女子大学、国士舘大学、その他多くの大学で、良心的な年史や図録類が出されている。

国立大学も、多くの百年史を出した。東京大学、京都大学、名古屋大学、九州大学、大阪大学、広島大学等の百年史や五十年史、また静岡、金沢、神戸等々多くの新制大学が、五十年史等の刊行を済ませたり、刊行中だったりしている。

これらの年史に共通しているのは、戦前刊行のものはもちろん、戦後第一期に出たものに比べても、格段に実証性が高く、しかも多くが資料集や大学史研究紀要を並行あるいは先行して刊行していることである。その背景には、全学挙げてしっかりした編纂体制が組まれるようになったことがある。

つまり、二〇世紀の末にかけて、日本の大学の年史は、引き出物の域をはるかに越え、堂々たる歴史出版物として市民権を得てきた。いつの間にか大学の「顔」となる出版物になっており、好事家趣味やお義理の報告では済まなくなってきた。

(3) 新しい効用と役割

大学の歩みを調べ、記し、内外に公にする。堅苦しい言い方になるが、これは大学自身の社会的責任の一つを遂行する作業である。以上述べた編纂小史は、この責任がようやく日本の大学によって果たされ始めたことを語っている。

大学は、とくに私学の場合、自然発生的に生まれたり、創設者のロゴスとパトス、使命感などの総合、交錯、ときには妥協によって生まれ、発展する。だが同時に、それらの全プロセスの背後にあるのは、近代日本の社会と文化、さらに政治、経済の要求と課題である。

たとえば維新前後の文明開化と慶応義塾の創設・発展を切り離すことはできない。一九世紀のキリスト教伝道事業とミッション系私学の開学・発展は切り離せない。一九世紀末期から二〇世紀にかけての学術の深化、産業化の動きと、多くの私学人の著述活動や学校の人材供給機能との関係は、まことに深い。さらに国・公立を含め、すべての大学が戦後日本の経済発展に結果的にいかに大きな働きを果たしたかも言うまでもない。つまり、大学の歩みは多かれ少なかれ近・現代日本の歩みそのものであり、したがって個別大学が大学史を記し、公刊するという作業は、実は近・現代の重要な側面を記録する作業にほかならない。年史編纂が本格化した、ということは、この作業に大学が大学らしいスタイルで参加するようになった、ということなのである。

だが最近、年史編纂の作業は、それだけでは済まない意味と役割を担うものになってきた。

(4) 年史編纂の新しい意義と効用

これまで記してきたこととの重複を恐れずに書けば、

(1)　歴史的自己点検・評価を通じての大学改革課題の発見

(2)　創設の精神、創設者の思想と事績の解明を通じてのユニバーシティ・アイデンティティーの確認

(3)　(1)及び(2)を通じての「我らが大学」の存在証明の確認

という三点が浮かぶ。

もう一つ加えたい。

(4)　年史編纂の過程で収集、発見された史料の整理と公開、そのことを通じてのアカウンタビリティー

の確保

これは前三者に劣らず重要な効用である。

(1)は、今や強調の必要はないであろう。一九九二年以降、成果の有無は別として、自己点検・評価活動を行っていない大学はほとんどない。年史を編み、それを公表するということは、まさにその活動を、最も長い視野のもとで行うことにほかならない。ただし、年次報告書を作るのと違って、いかにものんびりした作業にみえる。だが、実は最も本質的な作業である。その理由は、(1)の後段、すなわち「大学改革課題の発見」という役割にある。

どの大学も、数十年あるいは百年に及ぶ歳月の間に、幾度か大きな曲がり角を経験している。それは大学にとっては、打ち重なる「選択」の機会であった。その選択の瞬間にあらわになるのは、その大学の持っている選択の「原理」である。

大学に昇格するかしないか、政府の方針を受け入れるか抵抗するか、戦争、社会改革、経済成長、好不況、さらには教育制度の変動などの大きな状況変化の中で、どのような方向をとってきたか。こういう流れは、資料を集め年史を作っていく過程で、いや応なく明らかになる。その一つ一つを通して明瞭に浮かんでくるのは、その大学の歴史的個性である。

これまで東京大学、立教大学、東洋大学の年史編纂に参加して学ばされたのは、現在および未来にかけて、一つ一つの大学がどのような道を選びとってきたか、その断続的あるいは連鎖的な選択は、その大学のいかなる事情、どんな体質から導き出されたかということだった。逆に、過去に過った選択をしたことがあるか否かも分かってくる。肯定されるべき選択やとり返しのつかない失敗の連鎖が判明すれば、連鎖を導いた歴史や体質を理性的に反省し、克服し、今後正しい選択を続けていくにはどうすればよいかを探求することができる。その確かな手がかりになるのが、まさに「歴史」にほかならない。

大学にかぎらず、団体、教会、協会、会社、官庁等あらゆる組織が「年史」を編む。それも、過去の選択の連鎖を整理することによって、今後の選択と自己改善・自己変革の方向を探り出したいからである。これを可能にするのは、正確かつ真剣な調査と研究、そして叙述であって、単に自己顕彰的な年史からは、そのような可能性は決して生まれない。

(5) 存在理由の証明

(2)について詳しく述べる必要はないだろう。私学、とくに「創唱者立私学」（麻生誠氏の言葉による）の場合、創唱者の事績と思想の本格的な解明がいかにその大学のアイデンティティーの解明と結びつくかは、すでに多くの大学で証明されている。創唱者は個人だけではなく、集団であることもある。彼・彼女もしくはグループ・集団・結社等のロゴスやパトスがいかに創設・建設期の学園に個性を与えたかは、年史編纂のたびに再吟味され省みられるべきテーマである。その作業も、周知のように、最近とみに進んでいる。

ある研究会の席で、著者は経済系マスコミ関係者から質問を受けたことがある。

「会社史というものがたくさん出されています。その目的は、各々の会社の経済的・経営的な『発展』を確かめることです。学校史や大学史は、結局のところ何を明らかにするのが目的ですか」。

著者はもっぱら(1)で書いたことを答えた。だが彼はそれだけでは納得しなかった。『なぜこの学校・大学があるか』つまり組織の存在証明をするということではないのですか」と言うのである。著者も大いに目を開かされた。

(2)と(3)はこれに連なっている。組織としての「我らが大学」の存在理由を自己認識すること。その自己認識を学内外で共有すること。考えてみれば、本格的な年史を出した多くの大学で、年史をめぐってこのような機会がしばしば設けられている。それはまたとないFD（ファカルティ・デベロップメント）のチャンスである。誠実に作られた年史は、まさに教員のFD、職員のSD（スタッフ・デベロップメント）のためのかけがえのないテキストである。

おわりに

最後に、三点記したい。

一つはこの数年の間に、「自校史」を授業科目として立ち上げ、成功している大学が増えてきたことである。著者の知るかぎりでも、私立では立教大学、明治大学など、国立では九州大学、名古屋大学、新潟大学などがある。ほかにももっとあるに違いない。

入試難易度や偏差値で大学を選んできた学生達にとって、自分のいる大学の個性を正確かつ多面的に学ぶことは、思わざる喜びであるようである。なぜなら、それは自分の「居場所」の確認を通じて、「自分自身」を発見するきっかけになるからである。年史編纂を通じてのアイデンティティーと個性の発見は、とりわけ教養教育、低年次教育に最適であり、ひいては大学改革の課題に大きく貢献する。

一度試してみられるとよい。

「この大学を選んだのは、世間体やブランド志向からでした。でもこの講義を聞いて、大学の特色がよくわかりました。勉強する気がわいてきました」

といった感想が必ず来る。学生諸君は安堵するのである(本書第一章二および〈付〉参照)。

二つは、多くの私学で資料室や文書館が整備されてきたことである。アーカイブス設置運動の高まりと言ってよい。早稲田、同志社、慶應義塾などの施設は有名だが、国立でもたとえば京都大学が大学文書館を創設し(二〇〇〇年一一月)、東北大学も従来の記念館を「文書館」に改称した(同年一二月)。独立行政法人化の動きの中でいよいよ求められるアカウンタビリティーの要請にこたえる対応である。

年史編纂とその関連事業の推進は、実は大学改革の一環であることを、改めて思い知らされる。

三つは、先にもふれたが、公開可能な優れたアーカイブスを持っておくことは、大学にとって思わざるPRの機会になる。歴史研究者のためのサービスはもちろん、新聞・テレビなどの有力な情報源になるのである。高名な卒業生の伝記資料、昔の校舎のたたずまい、さらに創設当時の地域風景など、報道に不可欠な資料の宝庫になる。

大学経営の観点から見ても、年史編纂と資料保存は、実に重要な事業ではあるまいか。

〈参考文献〉

・寺﨑昌男他編『大学史をつくる』（東信堂、一九九八年）
・寺﨑昌男『私の大学アーカイブス論』（明治大学大学史料委員会編刊『紫紺の歴程 大学史紀要』第五号、二〇〇一年三月）

（日本私立大学連盟『大学時報』二〇〇一年七月）

9　一つの大学の美しい記録──『武蔵野美術大学六〇年史』への招待──

美しい大学史

ここに一冊の美しい本がある。『武蔵野美術大学六〇年史　1929-1990　The History of Sixty Years of Musashino Art University』──

さわやかなコバルト・ブルーのケースに浮かぶホワイトの題字。ケースからは、落ち着いた紺の布表紙の豪華本があらわれる（初版のみ豪華本で刊行）。キャンパス風景のグラビア・ページ、そしてクリーム地の用紙にゆったりと配された本文。日本の大学でこれまで出されたたくさんの「沿革史」の中でも第一級の瀟洒な仕上がりである。

日本の大学風土の中では、しっかりした自校の歴史を出す慣習はまだ弱い。この本の装丁や編集デザインは、その意味でも例外の中に入る。さらに、それらが語っているのは、こういう歴史書を生み出した大学の空気、つまり、自校の歴史を「本」として仕上げていくのに注がれた協同のエネルギーである。

〈芸術大学の歴史〉というイメージにぴったりのこういう歴史書を持つ大学で学ぶ学生諸君は幸せだと

思う。この本が示しているのは、武蔵野美術大学というアカデミック・コミュニティーが持っている、総体としての力である。それは学生諸君がこれからの数年を送る鷹の台と吉祥寺でのキャンパス・ライフの輝きを保証するものと言ってよい。

それにしても、どこからこの本を生み出すような力が育ってきたのか。

ショート・ヒストリー

武蔵野美術大学は一九二九(昭和四)年に創設された帝国美術学校に源を持つ。

「帝国」といういかめしいネーミングも、昭和初期の日本という背景の中では不自然なものではなかった。今の東大・京大などの国立総合大学は東京帝国大学、京都帝国大学と呼ばれていたし、帝国女子専門学校と言えば今の相模女子大学のことであった。強大な勢力を持つ帝国陸軍や帝国海軍があり、何よりも大日本帝国憲法が存在していた。

帝国美術学校は、今で言う各種学校だった。

そのころ日本には、中学校を卒業した青年のために、大学・大学予科・高等学校(いわゆる旧制高校)・専門学校・大学専門部・高等師範学校・師範学校といった高等教育機関群があったが、各種学校はその外に置かれていた。

学校としての「格」は高くなかった。しかし、帝国美術学校を創った人々は「教養ある美術家」を養成しようと真剣に考えたようである。専門学校にすることには成功しなかったが、小規模ながら日本画科・

西洋画科・工芸図案科の三科からなる四年制の学校が出発した。生徒数は四学年で二六六人が予定されているだけであり、第一回の入学者はわずかに「二十余名」だったという。最初のキャンパスは北多摩郡武蔵野町吉祥寺本田にあった。現在の吉祥寺校舎のすぐそばで、法政一高のある場所である。

だが、この美術学校は創立六年後の一九三五年には分裂騒動を経験する。生徒と教師の一部が「多摩帝国美術学校」（現在の多摩美術大学）を設立してそれに移ったのである。その後、残りの人々は校舎問題などで大きな苦労をなめるが、現在の吉祥寺校舎の土地を借り入れることに成功し、そこで学校の充実を図った。

これより先、一九三一年には彫刻科と師範科が置かれていたが、その後一九三五年の帝国美術学校としての再出発ののちは日本画科・西洋画科・図案工芸科・彫刻科からなる本科と師範科・研究科・別科などが置かれた。一九三八年には図案工芸科専門課程が純枠工芸・実用美術・建築美術・工業美術の四つの部に分かれた。

やがて日中戦争は太平洋戦争に拡大し、統制は強まる。武蔵野美術学校も各種学校という弱い立場だったから、文部省その他による厳しい指導・監督・調査を受けるようになった。一九四四年には、日本の私立美術学校としてはただ一つ残るだけになり、しかも校舎の大部分は「大東亜学院」という戦時色濃厚な学校に使用されて三つの教室だけが使えるという状態だったという。幾つかの私立学校が命令によって閉鎖されていたころだ。

毎日の勤労動員の中で学園生活もほとんど成り立たなくなった。

やがて敗戦。

戦前・戦中から続いてきたやっかいな校舎・校地問題が次第に整理され、一九四七年四月に「造型美術学園」という校名で学生募集が始まる。一九五七年に武蔵野美術短期大学が生まれ、五年後の一九六二年に武蔵野美術大学が設置され、一一年後の一九七三年には大学院造形研究科が開設される。短期大学が武蔵野美術大学短期大学部になったのは一九八八年である。このとき以後、今の総合的学園としての形が完成した。

簡単に大学の歴史を記すと以上のようになる。

帝国美術学校――造型美術学園――武蔵野美術学校――武蔵野美術短期大学――武蔵野美術大学および同短期大学部（注：現在は廃止）

学校名も四回変わって、現在の「武蔵美《むさび》」ができたのである。

正直な歴史

したり顔で学園の歴史を書いてきた。

部外者がこういうことを書けたのも、もとはと言えば、この『武蔵野美術大学六〇年史』が大変正確な沿革史であるからだ。

いや、単に正確であるだけではない。「正直な」本でもある。

正直さを一番よくあらわしているのはどこか。それは、第一部「武蔵野美術大学の歴史的発展」の中の四番目の章「一九六九〜一九九〇 学園紛争から一九九〇年代へ」の八五頁にわたる記述である。

この本で執筆者達は、一九六八〜六九年に全国の大学を席捲した大学紛争が武蔵野美術大学でどのような背景のもとに起きたか、学生諸君は何を訴えたか、それを教職員はどう受け止めどのように応えていったかを、実にたくさんの資料にもとづいて包み隠さず書いている。

たとえば、一九六八(昭和四三)年九月、学生自治会は、芸術祭のテーマを次のように決める。

「スカートをまくりあげよ、さもないと天井が落ちてくる！」

スカートは容易にまくり上がる存在でありながら、実は容易にめくり上げられぬシロモノなのだ、というのがテーマ設定への学生達の総括だったという。執筆者達は、この一連の経過を、「それは、日常性を打破せよという意味であった」と解説している。

その後、芸術祭は盛大に行われたが、自治会と大学側の団体交渉は続き、学生側はバリケードを築いてストライキに入り、そのような背景のもとで芸術祭は盛大に行われたが、この間の学生自治会の方針の変化や模索、大学に投げかけた問題提起とそれへの対応、それらがこの本には実に具体的に書かれているのである。

たとえば、紛争の問題提起は「祭りとは何か。芸術とは何か。学生の自治とは何か。学生にとって大学のカリキュラムとは何か。芸術と政治とはいかに関わるか」といった問題だったとして、教員側は「美術・デザイン、一般教育の基礎的研究の推進と蓄積と交流の必要性」という検討課題を意識した、とも記している。

そして、そうした検討課題は紛争以前から武蔵野美術大学内部の問題として問われてきた事柄、すなわち芸術大学における専門職業教育と人間教育との関わりをどう模索するかという問題とつながっていたことを、正確に記している。

詳しいことは本そのものを読んでほしい。ここで強調しておきたいのは、紛争の経過をここまで正直に書いた大学沿革史は日本にもめったにない、ということである。

読者がもし新入生の世代なら、大学紛争は諸君の生まれる数年前に起きて、収まった。それは高度経済成長下の日本と世界の、大学・学問・人間のあり方のすべてを問う運動として、燃えさかった。海の向こうでは、ベトナム戦争と大学との関わりをアメリカの学生達は批判し、やはりバリケードによるストライキが各地に起きた。ヨーロッパでは大学内における学生の位置づけられ方や、大学による「知の独占」を批判して、学生達は異議申し立てを行った。有名なフランスの「五月革命」はその象徴だった。

日本のいろいろな大学でもさまざまの形で争いが起き、教師も教授会も大揺れに揺れた。武蔵野美術大学もその一つだった。

あの経過を正直に書く、というのは、難しいことだ。

第一に、問題自体が恐ろしく巨大で、また深刻だったからである。「大学に学問はあるのか」「大学教育と芸術の関係は何か」という問いは、たとえれば「教会に信仰はあるのか」と言うにひとしい本質的な問いである。あの問題提起が思想史的にどういう意味を持つかということは、数世紀たたねば分からない。

第二に、大学紛争は、さまざまの人間模様によって彩られていた。混乱、暴力、騒擾、模索、連帯、裏切り、絶望、希望、といったどろどろの人間模様が、学生の側にも大学の側にもあった。その傷跡は、四半世紀たった今でも、大学や学会の内外に残っている。それを歴史として書く、というのは大変なことである。

著者の勤務する東京大学でも、後でもふれるように、『東京大学百年史』という全一〇巻の大部の沿革史が完成した。その中にも有名な「東大紛争」についてかなり詳しく書かれている。著者は編集委員会委員長という役をさせられたのだが、「紛争」の書き方については、「大学側の対応を記す」ということに限定せざるを得なかった。

しかし『武蔵野美術大学六〇年史』は、そんな限界にとどまってはいない。学生諸君の訴えや、彼らの内部に含まれていた問題などにも踏み込んで書いてある。芸術祭の告発的なパーフォーマンスや展示の写真も、きれいに掲載されている。

また、学生の動向を受けてはじめは無力だった大学側が、次第に大学の運営について真正面から取り組み、教授会の手で大学改革に一歩を進めていった経過が、内部の葛藤も含めて正直に書いてある。

この正直さの底には、大学の活力と、芸術への執念といったものが流れている。そしてまた、執筆者達の歴史家としての執念も読み取ることができる。

たとえば、これだけのことを書くためには、ただ会議記録や大学の資料を集めるだけでは足りない。教員の手帳やノート、学生の撒いたビラやパンフレット、ポスター、写真といったさまざまな第一次史料と言われるものが絶対に必要だ。執筆者の佐藤健一郎教授（演劇）自身がこれらの資料を丹念に保存され、それを活用されたということを聞いた。そういう執念の上に歴史叙述者としての良心を加えて、「正直な」歴史が書かれたのである。

正確さについて

この沿革史の基本部分は、信頼の置けるスタッフによって書かれた。

編集の中心になられた久保義三教授は紛争の最中に学長に選ばれた方だが、日本現代教育史の分野では著名な専門家である。『日本ファシズム教育政策史』『天皇制国家と教育』『対日占領政策と戦後教育改革』などの著作があり、現在も旺盛な著作活動を続けておられる。小久保明浩教授も教育史研究の専門家で、とくに幕末・近代の移行期における教育変動の研究で知られている。そして、先にふれた佐藤健一郎教授は芸能史の専門家である。

この三人の方が、六〇年史の骨格をなす第一部を書いておられる。これは、きわめて大事な点である。「学校の歴史など家の系図みたいなもので、誰が書いてもいいじゃないか」と思う人がいるかもしれないが、それは違っている。どんな小さな学校でも、真空の中に生まれて発展するものではない。ある社会情勢を受けて生まれ、文部省が主導する教育行政の影響を受けて栄えたり抑圧されたりし、また、教育の方針も時代につれて変動する。

そういう学校や大学の歴史が、自分の学校や大学のことだけしか知らない人によって書かれたら、どうなるか。せいぜい創立者や学長、先輩の業績をほめたたえる歴史にしかならないだろう。

大学の形が変わり、位置付けが変化し、学科がつけ加わり、さらに学生数が変わるといった一見小さなことの一つひとつに、その背景や原因をなす社会情勢や文部行政の変化がある。しかし歴史の非専門家だけで書くと、そういったことに無頓着な歴史しか書けない。そういう歴史は、昔から「先人顕彰の歴史」とか「稗史」とかいって、まともな歴史書とみなされなかった。

ところが、『武蔵野美術大学六〇年史』は、格段に違う。

その違いは全編にあらわれているが、とくに第一部で遺憾なく発揮されている。また、巻末の年表にもよくあらわれている。

たとえば、学校創立前年の一九二八(昭和三)年から、創立の一九二九年をはさんで一周年記念日を迎える一九三〇(昭和五)年末までの年表項目を示してみよう。(漢数字は西暦年、算用数字はその年の月を示す)

一九二八

美術・デザイン・工芸・建築

3　全日本無産者芸術連盟(ナップ)結成、五月機関誌『戦旗』創刊

12　全日本無産者芸術団体協会(ナップ)に再編成

6　『現代商業美術全集』刊行

(芸術動向)

7　国画創作協会日本画部解散　洋画部、彫刻部同人により新たに国画会結成

11　第一回プロレタリア美術大展覧会(一九三〇年まで三回開催)

・造型美術家協会結成
3 商工省工芸指導所設立（仙台）、初代所長に国井喜太郎
12 形而工房結成（蔵田周忠、豊口克平、松本敏雄ら）
家具を基本に、室内工芸全般にわたる標準規格を設定し、量産をめざす

（芸術動向）
1 『国際建築』創刊（『国際建築時論』を改称、一九六七年休刊）
12 ル・コルビュジェが中心となりスイス、ラ・サラに近代建築国際会議（ＣＩＡＭ）結成

一般事項
2 初の普通選挙法で第一六回総選挙
2 共産党機関紙『赤旗』（せっき）創刊
3 三・一五事件、第二次共産党員大量検挙
6 『マルクス・エンゲルス全集』刊行開始（改造社）
6 治安維持法改正
6 張作霖爆死事件

一九二九

美術・デザイン・工芸・建築
1 ナップ所属日本プロレタリア美術家同盟（ＡＲ）結成
4 日本プロレタリア美術家同盟（ＡＲ）と造形美術家協会が合同して日本プロレタリア美術家同盟（ＰＰ）

結成（柳瀬正夢、村山知義ら）翌年六月ヤップに改称
9　川端龍子、青龍社結成（日本美術院同人辞退）
・　鉦人社結成（高田力蔵、宮本三郎、内田巌ら、のち新美術協会と改称）

（芸術動向）

2　日本広告倶楽部結成
8　実用版画美術協会結成（多田北烏、吉邨二郎、藤沢龍雄ら）
11　日本広告連盟結成
3　築地小劇場分裂
4　新築地劇団結成
築地小劇場を脱退した丸山定夫、土方与志、三林亮太郎ら東北工芸協会結成
以後、各県単位の工芸協会が結成され始める
6　商工省工芸指導所機関誌『工芸指導』創刊（後の『工芸ニュース』）
工芸指導所伝習生教育開始
8　『日本インターナショナル建築』創刊

一般事項

4　寿屋が初の国産ウイスキー、〈サントリー白札〉を発売
7　文部省に社会教育局設置、また学生課を部に昇格し思想対策を強化
7　民俗学会設立（折口信夫ら）
『民俗学』創刊

7　太平洋画会研究所解散し太平洋美術学校として発足
7　浜口雄幸民政党内閣成立
7　日本航空輸送開始(東京—大阪—福岡)
8　ドイツ飛行船ツェッペリン伯号飛来
9　『第二無産者新聞』創刊
10　小西本店、初の国産写真フィルム〈さくらフィルム〉発売
・　カラーグラビア印刷開始(秀英社)
10　日比谷公会堂開場
10　ニューヨーク株式市場大暴落「暗黒の木曜日」、世界恐慌始まる(米)
11　ニューヨーク近代美術館設立(米)
11　産業合理化審議会設置
　　産業合理化政策本格的に始められる

一九三〇

美術・デザイン・工芸・建築

11　独立美術協会結成(里見勝蔵、林武、児島喜三郎、三岸好太郎、高島達四郎ら)
11　ノヴァ美術協会結成(鶴岡政男ら)

(芸術動向)

3　芦屋カメラクラブ結成(中山岩太、ハナヤ勘兵衛、紅谷吉之助ら)新興写真の理念を明確に表明し実践

した最初のグループ

3　第一回朝日国際広告写真展開催

7　新興建築家連盟結成

・　山脇巌、デッサウ・バウハウス(独)に留学

一般事項

3　生糸相場大暴落、昭和恐慌激化

4　ロンドン条約調印、統師権干犯問題起こる

6　臨時産業合理局官制公布(商工省外局、産業合理化政策の実施機関)

6　流行語「エロ・グロ・ナンセンス」

10　特急〈つばめ〉が東海道線に登場

11　浜口雄幸首相狙撃事件

11　大原美術館開館(岡山県倉敷)

・　芝浦製作所・東京電気(後東京芝浦電気)、わが国最初の電気洗濯機・電気冷蔵庫を製造開始

省略した欄(原本では最上段)には、名取堯・金原省吾という二人の人物が美術学校創立の相談を始めた、という一九二八年七月の記事から、二九年一〇月三〇日の「帝国美術学校開校」、三〇年一〇月三〇日の「創立一周年記念祭、講演会、展覧会等開催」にいたる事項が、ていねいに書かれている。右にかかげたのは、原本の第二、第三、第四段の欄だ。この三年間の日本の芸術史と政治史、社会史、教育史の主な事項

が注意深く選んで記されている。

最後の「一般事項」を見ると、この時期の芸術全般について「プロレタリア芸術運動」といわれる運動が大きな影を落としていたことを知ることができる。また、文部省では学生の思想動向を警戒し、それを「矯め直す」ことに腐心していたことがうかがえる。そして、社会情勢としてはあの「昭和恐慌」の波が日本社会を襲っていた。このような高い密度の年表が、この後六〇年間にわたって続いているのである。

門外漢の私にはよく分からないが、右の「美術・デザイン・工芸・建築」の欄は、ひょっとしたら近代日本芸術史の基本的な流れを知る上で稀にみる詳細な年表なのではないだろうか。第一部で扱われている武蔵野美術大学の歴史の上にも、ここに記されている美術史、教育史、そして一般情勢が深く影を落としていた。

執筆者達はこうした背景を踏まえて、学園の歴史を書いている。それは、「うちの大学」だけをたたえる先輩礼賛の歴史とは全く違う。右の年表は、『武蔵野美術大学六〇年史』が本格的な歴史書の一角を占めていることを象徴的に語っている。

同じ特徴は各学科の歴史を書いた第二部にもかなりの程度共通している。専門家達の目が行きとどいている。

こうした骨格に支えられた本文を読むことによって初めて私達は「武蔵野美術大学の歴史を通して近代日本の美術史と美術教育の歴史を観る」という知的歓びに浸ることができる。こうなって大学沿革史は単なる系図作りや戸籍調べでなく文化史的意味を担った書物になる。

この本はその作業に成功している。

日本の大学史編纂の夜明け

日本で、学校とくに大学その他の高等教育機関がこれまでに出した「沿革史」の総数はどのくらいになるか、正確なところは分からない。

日本の大学が自校史を出し始めたのは昭和の初期以後からだった。明治時代の初めに作られた高等教育機関が、創立後ほぼ五〇年たっていたからである。

『慶應義塾大學五十年史』が一九〇七（明治四〇）年に出ているのは例外的に早いが、法政大学、関西学院、早稲田大学、明治大学、同志社大学などの大手の学校がこれに続いた。

主なものをあげてみよう。

『法政大學三拾年史』（一九〇九年）
『關西學院史』（一九二九年）
『同志社五十年史』（一九三〇年）
『明治大學五十年史』（一九三一年）
『半世紀の早稲田』（一九三二年）
『中央大學五十年史』（一九三三年）
『独逸學協會學校五十年史』（一九三三年）

私学だけではない。当時官立学校と言われていた国立学校もいくらか出していた。

『一橋五十年史』(一九二五年)

『創立六十年　東京文理科大學東京高等師範學校』(一九三一年)

『東京帝國大學五十年史』(一九三二年)

『京都帝國大學文学部三十周年史』(一九三五年)

『第一高等學校六十年史』(一九三八年)

こうした歴史を編纂するのに専門の歴史家はほとんど参加していなかった。私学の歴史を書いた主な人々は学校の同窓生達であり、それは事実上母校で事務をとっている人々であった。また、役員になっている人達も多かった。そういう人々が書いた歴史が「うちの学校礼賛史」になったのも、やむを得まい。

慶應義塾であれば福沢諭吉先生が神様になり、早稲田では大隈重信の功績がたたえられる。同志社では新島襄賛歌になる、といった具合である。当時でなくては聞けない貴重な証言や裏話もたくさん盛り込まれているが、歴史書とは言えない書物群だった。

もっとも、専門の歴史家が加わったものもあった。右にあげた『東京帝國大學五十年史』などはその一つと言っていいだろう。

だが、この本が編まれた当時、東京帝国大学の国史学科は、皇国史観すなわち天皇中心・国体重視の学風に急速に傾いていた。たくさんの資料を引用し、一見実証的に見える二巻からなるこの本にも、その影響は否定し難い形で出ている。たとえば、天皇・皇后・皇族が大学を訪問（行幸・臨幸・台臨などといった）した時の記録などは詳細を極めて記されていた。

一方、この本が出た一九三二年以前の時代にも、東京帝国大学では、マルクス主義の方法に立つ経済学者達が休職させられたり、学生運動への弾圧が行われたりしていた。だが、この本にはそうした大学の自由・自治に関わる事件は一言も書かれていない。他方、大学や学部がどういう規則を作ったかといったことは詳しく書かれていた。砂をかむような「事績史」である。それでも、几帳面な歴史であるぶんだけまだ例外的な出来だった。

ともかく一般に、この時期の大学史や学校史の大部分は、歴史家に相手にされないようなものだったと言って言いすぎではない。

戦後の新しい動き

事情が変わってきたのは第二次世界大戦後のことだ。

歴史家が本格的に参加して、責任を持って編集したり執筆したりするようになった。それがうながされた背景には、資料を自由に見つけ出し、引用し、解釈する自由、つまり広い意味での歴史研究の自由が獲得されていたのである。また、考えたことを自由に書く権利、すなわち思想・言論・表現の自由も確保された。戦後の日本の政治変革と、日本国憲法の保障する学問の自由との賜物である。

戦後の早い時期に、これらの自由をぞんぶんに使って書かれた二つの沿革史が『東北大学五十年史』

（二巻、一九六〇年）と『慶應義塾百年史』（六巻、一九六〇〜六九年）である。

東北大学は、かつての東北帝国大学と第二高等学校、それに宮城師範学校や宮城県女子専門学校といったたくさんの高等教育機関が合体してできた国立大学だった。この複雑な歴史を、大変な情熱と本腰を入れた執筆姿勢で書いたのが、『東北大学五十年史』である。慶應義塾大学のほうは、福沢諭吉に関する思想研究の蓄積を踏まえ、また教育史研究や洋学史研究などを踏まえて、明治期に出した『慶應義塾五十年史』の面影を一変した詳細な本である。そして東北大学も慶應義塾も、どこに出しても恥ずかしくない歴史家が編纂の中心にすわった。

こうした見るべき変化を一言で言えば、大学史編纂における「史学的ディシプリンの浸透」と言ってもいい。

突然専門的な話になるが、歴史研究には、思想史と実態史、社会構成史と社会史、制度史と政策史、全体史と個人史といった幾つかの対比されるアプローチがある。

だが、そのどれにも共通する手法、歴史研究のアルファというものが仮りにあるとしたら、それは「史実のあくなき探究にもとづく実証」という一点にしぼられると思う。

この手法はしばしば実証主義とも呼ばれてきた。だが、それではヨーロッパ思想史の中に現れてきた「実証主義哲学」と混同する。むしろ技術を含む共有の方法原理、というふうに考えるほうがよい。「主義」という言葉を除いて「実証」と言うほうが適切だと思う。

仮説を立てて資料を集め、読み、考え、批判すること。そして、その成果を、自分の文章で責任を持って「叙述」すること。その反面、証拠のないことは書かないこと。

確かな証拠とは、第一に当事者自身によって書かれた「文書」、次に印刷された「記録」であり、また文字のなかった時代においては遺跡や遺品、建築といった実物（「もの」）である。聞き取りの記録なども重要な資料である。

大学史編纂に「史学的ディシプリンが浸透してきた」というのは、個別の大学史を編纂する人々やそれを読む人々が、こうした基本的な約束を個々の大学史に求めるようになってきた、ということである。

学問研究の機関であるはずの大学の沿革史編纂に、このアルファが入ってくるのが遅かったのは、ある意味で不思議なことだった。だが考えてみると、「一つの大学の歴史を書く」ということそれ自体が大した意義を与えられなかったのが戦前の日本だった。それに加えて、五〇年ぐらいしかたっていない大学や学校の歴史を書くことなど、歴史学者達の「研究」の中に入っていなかったのだ。これに研究の不自由さが加重されていた。地域史（府県史や町村史等）などの置かれていた条件も似たようなものだった。

だが、研究の自由が獲得され、過去の出来事への人々の批判が自由になると、大学史を編む仕事もだんだんに先にあげた約束事を守らないわけにはいかなくなってきたのである。

大学紛争以後そして現在

個別の大学沿革史の編纂にさらに大きな進歩が訪れたのは、やはり一九七〇年代以後、つまり大学紛争が過ぎたころからではなかったろうか？

これからは、なかば自分のことになる。

著者は、一九七二年に、当時非常勤講師として教えていた立教大学から『立教学院百年史』の一部を書いて欲しい、と頼まれた。編集の責任を持っておられたのは、先年亡くなられた『南蛮学統の研究』の著者である海老澤有道教授というキリスト教史の専門家だった。スタッフの中には、近代日本政治史の研究で有名な大久保利謙という先生もおられた。

四〇歳を目前にして血気にあふれていた私は、この依頼を名誉なことと考え、二つ返事で引き受けた。

編集委員会で、海老澤委員長は言われた。

この学院史を、「立教のことを書く」という気待ちでやりたくない。むしろ、これを出すことを通じて、近代日本のキリスト教史を書く、というつもりでやりたい。また、日本の文化史、教育史を明らかにする、という気持ちで編纂したい。

皆さんの原稿は、それぞれ署名入りにしていただきたい。これまでの大学沿革史と違って、註も入れて欲しい。それぞれ学術論文を書くつもりで、お書きいただきたい。

これは新鮮な提言だった。

他の人もそうだが、私も張り切って書いた。あの時書いたのは「立教大学における『大学』への道」という、およそそれまでの治革史にはふさわしくない論文のような題の章だったが、海老澤委員長は大変喜んでくださった。

これが、個別大学史に関わりを持った最初の体験である。

その後、海老澤教授と同じような意気込みで沿革史を編纂する大学が増えてきた。

とくに大切な傾向だと思うのは、資料集を発行する大学が出てきたことである。『獨協大学百年史』や『明治学院百年史』『同志社大学百年史』の編纂など皆そうである。

資料集を出すというのは、府県の歴史や日本史の通史などを作る時には常識として行われてきた方法である。しかし大学の場合にはその慣例はなかった。ところが、紛争以後は、校内に残されている記録、文書、手紙、昔の校則や規則、統計資料などをまず公にする大学があらわれてきたのだ。

一九七〇年代半ばに、大学史研究の水準は飛躍的に上昇した。

著者のことに戻ると、次に一九七五年から加わったのが『東京大学百年史』だった。立教のときと違って大学の規模も大きく、書くべき内容も多く、しかも、編集責任者にまでさせられたので、かけた労力は比較にならないほど大きかった。

だが、原理は同じだった。

東大百年史に関わった著者達は、東大の人にしか読んでもらえないような歴史を書くつもりはなかった。これを出すことで、近代日本の高等教育全体の歴史と、専門教育・学問研究の歴史の一つの側面がシャープに明らかになるようにしたかった。そして、できることなら、政治史、経済史、文化史、教育史、科学史、人物史などあらゆる分野の歴史を研究したり学習したりする人々が、頼りがいのある参考文献として活用してくれるようなものにしなければならない、と思った。一九八六年の春に全一〇巻が刊行を終わった。通史が三巻、部局史が四巻、資料が三巻、一万頁の大冊になった。

努力は報われて、この本を「東大自慢」の書き物と批評する人はいない。むしろ逆に、いろいろな分野の研究者が論文や著書で参照したり引用したりしてくれている。

大学はなぜ沿革史を出すのか

それにしても、大学はなぜ沿革史などを出すのだろうか。

今流行りのPRのためか？　それもある。本格的な沿革史ができていれば、入学案内や学校紹介のパンフレットを作るのにも便利である。

創立を記念する引き出物としてか？　たしかに、式典のお土産としても配られる。ただそれだけのためのアルバムなどもある。

先輩の努力をたたえるためか？　日本の長い大学史編纂の歴史の中でそういう動機も強かったことは、すでに述べてきた通りである。

また、よく言われることだが、「建学の精神」というものを確かめるためか？　それも大いにある。とくに私立大学の場合は、創立者が高名な思想家だったりした場合、その精神を顧み、常に教職員・学生の姿勢を正しておくことが必要になってくる。

同志社の新島襄、早稲田の大隈重信、慶応の福沢諭吉、東洋大学の井上円了などは、その好例である。「創唱者立私学」と呼ばれる大学の沿革史はこれを目的に編まれることが多い。

右にあげたような理由は、それぞれ的はずれではない。

だが、これまで私が編纂に参加したり、利用してきたりした経験からすると「なぜ各大学が沿革史を出すのか」という問いへの答えは、右のようなものだけでは足りない。もっと根本的な理由があるように思う。

それは、大学というものが、いやもっと広げて学校、大学、会社、協会、町村や府県、官庁、教会、教団、さらには政党、組合、団体など一般に人間の作り出す「組織」というものが、継続のための自己革新を絶えず必要としているからである。

あらゆる組織は、それが今後生きのびていくためには、絶えずその姿を改めていき、自己革新していくことを必然的に求められている。そのためには、ぜひとも何らかの手がかりが必要だ。その最良の手がかりが、すぐれた沿革史なのである。

すぐれた沿革史は、その組織――今の場合は武蔵野美術大学――が、過去の歩みの中でどのように自己を変え、どこで変えることに失敗し、また成功してきたか、そうした成功や失敗の原因はどこにあったかを、正確・正直に語ってくれる。また、成功や失敗を生む「変化」の原因はそもそも何であったか、そうした変化を支えてきたその組織なりの特徴は何であったかを、きちんと語ってくれる。

あらゆる組織は、そういう「物語」を、未来に向けて必要としているのではないか。それで学校史、大学史、教会史、会社史などを編もうとし、出版もするのではないか。

見方をかえると、良い沿革史とは、その組織がみずからに課してきた課題とその解決の記録が、解決の成否・限界も含めてきちんと書いてある本である。組織としてのヒストリカル・エキスペリメント

（歴史的実験）の報告書なのだ。

『武蔵野美術大学六〇年史』は、このような意味でも大いにすぐれた歴史書になっていると思う。現に最近見せていただいた武蔵野美術大学の先生方の会議の記録でも、この沿革史をめぐって重要な話し合いがなされている。

たとえば、向井周太郎教授（デザイン論）は、この本に表されている武蔵野美術大学の歴史の特徴として、①「教養を有する美術家の養成」が一貫してめざされてきたこと、②絶えず歴史の動向に対して鋭敏であったこと、③学際的な視点が重視されたこと、④国際的視野の中で造形教育の広がりが重視されたこと、を確認しておられる。そして、それら一つひとつの特徴に対応する試みを吟味し、たとえば②が生み出した映像学科の設立などの意味や成果を確かめておられる。

また、佐久間保明助教授（国文学）は、「武蔵野美術大学の歴史は、その前半が草創期、後半の武蔵野美術学校として再興して現在までは成長期、今後の七〇年史以降はおそらく成熟期に当たるのではないか」というように整理され、その成長と成熟を支える条件は何かについて言及されている（「全体会議　本学六十年史をめぐって」『平成三年度　研修会（箱根）記録』より）。

こうした話し合いの素材になるということそのものが、『武蔵野美術大学六〇年史』の価値を語っている。そして沿革史の効用は、まさにこういう話し合いを可能にするところにあるのだと思う。

この本の序文には編纂の目的が次のように書かれている。

「私学の発展史の現実的過程は、多くの場合、順風満帆というよりは、むしろ挫折と対立抗争といった内部矛盾の絶えざる過程である、と言ったほうがよいかもしれないものである。本学の場合も、それから決して例外ではない。歴史叙述は、そういった事象を避けて通ることは許されない。事実を事実として叙述していくことが、ひいては、大学の未来の発展に対する展望に、また大学を取り巻く現在の諸問題の解決・処理に、それなりの指針を与えずにはおかないであろう。大学史を客観的に叙述するということは、単に事実に忠実であるという実証主義に徹することを意味しない。今日大学教育のあり方をいかに問うかの姿勢なしに、過去の事象に語りかけることは不可能である。歴史叙述を可能にする事象の選択は、こういった大学というものに対する価値観をどのように保有しているかに、深く依存していると言えよう」(編集委員会委員長久保義三教授)。

まことにその通りだ。

委員長のこの志は、本書の出版を機に「大学教育のあり方をいかに問うか」をめぐって先のような話し合いが行われていることによっても、すでに達成されつつあると言えるだろう。

大学のエスプリとしての沿革史

日本のことについてだけ書いてきた。最後に外国の大学の歴史についてふれておこう。

一言で言えば、自分の大学の歴史について何事かを書くという仕事において、日本の大学はおそろしく立ち遅れている。貧寒極まりない、と言っていいほどだ。

たとえばオックスフォード大学。今から六〇年ほど前の一九二四年から二七年にかけて、C・E・マレットという中世史家が、部厚い三巻の『オックスフォード大学史』を書いた。大学の協力のもとに、独力で書いたものだ。そして六五年たった今、オックスフォード大学は、新しい大学史を悠々と刊行しつつある。

ベルリン大学。これも有名な歴史家のM・レンツが、一九一〇年に『ベルリン大学史』全四巻を書いた。最近また新しい『ベルリン大学史』が刊行されている。

ケンブリッジ大学、ハーバード大学、コロンビア大学、パリ大学、ポルトガルのコインブラ大学、その他、皆さんが知っている伝統的大学はもちろん、あまり知られていない諸大学、また短期大学や高等専門大学など、およそすべての欧米の大学が、ほとんど当然のように自分の大学の本格的歴史を次々に刊行している。

単に記念行事の一環としてといった小さな考えからではない。自分の大学の歴史を専門家の参加を得て出版することがすなわちヨーロッパ・アメリカ世界の文化と教養の歴史を明らかにする仕事の一環になる、という確信を持って、立派な本を出しているのである。

学外の人々もまた、こういう大学沿革史を抜きにしては人間と文化の本当の歴史は分からないと考えている。歴史学界はもちろん、歴史・文学・神学・哲学・建築などの学界でも、大学の歴史それ自体が貴重史料として迎えられる。パリ大学は、中世時代の学内規則集だけを三巻にまとめて出版している。全文ラテン語である。ヨーロッパ中世史の重要史料なのだ。

日本と比べて学問と文化の厚みが違うことを痛感させられずにいられない。考えてみれば、オックスフォード大学の歴史は八〇〇年、パリ大学は九〇〇年である。日本では一番古い大学（たとえば慶應義塾大学）でも一五〇年にならない。この立ち遅れは悔しい。

だが、日本の大学もこれまでの状態では済まない。最近、大学のあり方が広く問われ、それぞれの大学が「自己評価」「自己点検」をしなければならない決まりになってきた。また一八歳人口が急減する状況のもとで、自己革新に努めなければ大学の生き残りが危ぶまれるようにもなってきた。ここで必要なのは、これまでの歩みの確かな検証、つまり正確な歴史である。

そうした受け身の事情からだけでなく、日本に近代的な大学ができて二世紀目に入った今、日本の大学も、欧米の大学のように、近代日本の文化史、精神史の中に果たしてきた役割を、みずから記録しておかなければならなくなっている。

そういう中で、半世紀を一〇年過ぎただけの短い歴史しかないとはいえ、個性的な芸術教育機関である武蔵野美術大学で『武蔵野美術大学六〇年史』が出されたことは貴重である。それは、まさに武蔵野美術大学の将来につらなる「大学への道」を示す手がかりであり、またこれまでの歩みのエスプリを記録し、表現した作品だからである。

（武蔵野美術大学『六十年史』刊行記念講演、一九九一年一一月）

〔付〕大学の歩みと同窓会・校友会

役割の大きさ

大学が研究・教育を発展させていく過程で、同窓会・校友会の役割がいかに大きいかは、改めて強調するまでもない。著者の見るところ、国・公立大学の場合、その役割は多くの場合、間接的である。しかし私立大学においては、はるかに直接的であり、ときとして決定的なものになる。

勤務する立教大学にも「立教大学校友会」がある。「会員相互の親睦を図り、学校法人立教学院立教大学の発展に寄与すること」(会則第三条)を目的とし、さまざまな事業を行っている。現職教職員や学生、さらには卒業生・OB自身も、その恩沢にあずかることが多い。グラウンドの確保、奨学金の提供、会館の建設、改革企画への基金寄付など、数え切れないほどの寄与が行われてきた。

同窓会は、学校創立三三年後の明治四〇(一九〇七)年に組織された。はじめは「同窓会」だったが、戦後の昭和三五(一九六〇)年に「校友会」に変わった。学校自体の名称はその間に変遷したが、校友会は発展を続け、現在会員総数約十一万名、大学自体にとってはもちろんのこと、平成十一(一九九九)年に創立百二十五年を迎える立教学院全体にとって、不可欠にして最重要な「支持援護団体」である。(注：二〇〇一年度は約一三万四、〇〇〇名になっている)

ところで、日本の近代大学発展の歴史を見ると、同窓会・校友会等が果たしてきたさまざまな役割は枚挙にいとまがない。

建学精神の伝承

「会」と言わずとも、大学の卒業生・同窓生そのものが大学に対して果たしてきた役割が、まず大きかった。

第一の端的な例は、明治・大正期から始まった沿革史の編纂・刊行である。

日本の高等教育機関の本格的歴史として最も早いものの一つは、明治四〇(一九〇七)年に出た『慶應義塾大學五十年史』であるが、それは義塾の同窓生達だけによって書かれた。二五年後の昭和七(一九三二)年に出た『半世紀の早稲田』もそうであり、この間に法政、関西学院、同志社、明治等も沿革史を出している。それらはほぼ例外なく、学校に残った卒業生や周辺の同窓生達によって記されている。

沿革史編纂水準の上がった現在から見れば、これらは、歴史書とは言えない。「記録書」や「回想録」と評してもよい。自己顕彰的な広報誌の一種と見えるものさえある。

しかし重要なのは、こうした沿革史の執筆や編纂・刊行を通じて、創立者達の精神、創立前後の学園の生き生きとした雰囲気、そこに集った人々の哀歓といったものが、しっかりと伝承されたことである。

福沢諭吉、大隈重信、小野梓、新島襄といった人物達はもちろんのこと、有名無名の創設者達のパトスやロゴスが、それらの沿革史から伝わってくる。執筆者は、これらの人々に直接・間接に教えを受けたり謦咳に接していた。荒削りな沿革史ながら、そこに著された学園の伝統や息遣いは、その体験が生み出した成果だった。

大学や学校の歴史をよく知るのは現在の教職員とはかぎらない。むしろ、そこでかつて学び、学園に生活をかけたメンバーが最良の証言者である場合が多い。もちろん、それを引き出して良き沿革史を作るのは、現在の教職員の役目である。しかし、かつて明治・大正・昭和戦前期の先輩達の果たした学校史伝承の役割は、現在の同窓会・校友会等にも大いに期待されることである。

制度改革・財政支援への貢献

大学と同窓会・校友会との関わりを最もよく語る第二番目の出来事は、大正期の「大学昇格」の際の支援であった。

大正七(一九一八)年に大学令が公布され、それまで長く専門学校という地位に甘んじてきた私学が、初めて「大学」に昇格することができるようになった。しかし、改めて私学の前に立ちはだかったのが、財政問題であった。

当時の政府は、大学の維持・継続には基本財産が必要だと見ていた。そこで一校当たり五〇万円(現在の二、三〇億円にあたろうか)、さらに一学部を増すごとにプラス一〇万円の基本財産を国庫に供託することを要求したのである。分割納入は認められていたものの、私学は例外なく金集めに狂奔せざるを得なかった。外国の財団から基金を得たミッション系私学もあり、財閥からの財政援助で事なく昇格した私学もある。

だが大多数の私学にとって何よりの頼りとなったのは同窓・校友の組織であった。学内の理事や幹事、また同窓会の幹部達が、文字通り全国を走り回って金集めに奔走した。戦前・戦後に出た私学治革史で、このときの苦労にふれないものはない。基金集めの歳月のあと急死した幹事、卒業生の集いを急造した先輩の苦労など、記述は深刻である。戦前私学にとっての大事件だったのだ。

立教学院も、学生達を含めて学院挙げての努力で供託金の確保に努めた。四五万円の供託金が、理事長ジョン・マキム名義の預金(その出所はまだ明瞭でない)で準備され、六年間の分割方式で基本財産として供託されることになった。預金証明書は第十五銀行が出している(『立教学院百二十五年史資料編1』一九九六年)。

このような経過は、私学同窓組織がその組織としての強さを試された第一回目の試金石であった。

第二回目の試金石は、第二次世界大戦直後だった。

太平洋戦争末期の本土空襲による戦災で校舎や施設を失った私立大学・学校が、無数にあった。私学はほとんど大都市にあり、類焼したり直撃を受けたりしたからである。戦後、同窓会・校友会等の後援なくして復興できた私学はない。校舎建設、その資材の入手、さらにはインフレのもとでの教職員給与の確保までが必要だった。当時の私学経営の辛苦は想像にあまりある。多くの大学・専門学校などでは、卒業生、校友会会員、出身役員などの協力と献身が頼みであった。

希有な例もある。東洋大学はさる宗教的修養団体から篤志的な融資を受けて危機を乗り切った。その団体との橋渡しをしたのもまた卒業生だった（『東洋大学百年史 通史編II』一九九四年）。

教育研究体制建設への役割

大学改革と再編の現代である。教授改革やカリキュラム改革に伴う校舎建設、教室の整備、学部増設に必要な先行経費など、財政面で同窓会・校友会を頼らざるを得ないことが無数にある。校地の決定、移転問題、新設学部の性格・名称の決定なども、大学と同窓会・校友会の関係が問われる局面である。

歴史に帰ると、前に述べた大正期の大学昇格の際も「昇格申請をするかしないか」という判断に深く関係したのは、同窓会の意向だった。「後輩達が学士号をもらえないということでは困る。自分達も苦労をなめさせられたのだ」というのが当時の大部分の卒業生達の感想であり、それが昇格申請と資金集めの原動力になった。何しろ、それまで帝国大学卒業生でなければ「学士」にはなれなかったのである。

もっとも管理者の中には、卒業生達の意思に抗して昇格をためらった例もあった。立命館大学館長中川小十郎がその例で、「長年勤労学生を引きつけてきた夜学専門の法律学教育の伝統は大学昇格で消えてしまう」と主張し、同窓会と対立した。だが数年後ついに要望を入れ、会の支援のもとに昇格申請を行い、成功した。（『立命館大学創立五十年史』一九五三年）

大学教育本質論から見れば、どちらの判断が正しかったかは論の分かれるところであろう。著者は中川に共感する。だが、エピソード自体は、教学に関する重要な意思決定の局面での同窓会・校友会の役割の大きさを語っている。

良き関係の維持・創出を

大学にとって同窓会・校友会はどうあればよいか。この問いへの答えは一方的に決まるのではなく、両者の間の「関係」をどのように作り出すかということにかかっている。

かつてアメリカの社会学者マッキーバーは、現代アメリカの大学の「学問の自由」を脅かす勢力として、連邦や州議会、大企業、政党などと並んで同窓組織（alumni）をあげた（R. Maciver, *Academic Freedom in Our Time*, 1955）。日本のそれよりはるかに強力なアメリカの大学の同窓会は、大学財政の有力な支援団体であるとともに、大学運営へのプレッシャー・グループとしての機能も段違いに強い。理事会等を通じて、学長の大学運営方針や教授の教育内容・思想の自由等に介入する有数の勢力の一つだ、というのがマッキーバーの指摘である。

日本でも、小規模とはいえ類似の軋轢が起きる場合がないとは言えない。あらゆる集団が利害と関わる以上、卒業生組織も、たとえば「同窓会員の紹介する志願者を入学させろ」といったエゴイスティックな要求を持つ場合もありうる。また学内役員選挙への介入など、大学内部の利害構造とも無縁でない例がある。さらには大学・学部等に母校出身以外の教員が多い場合、同窓会の側が偏狭な反感を抱く例なども間々あることである。私学における、先に述べたような「関係の直接性」、言い換えれば強い連帯心が、逆にこうした要求や思いの感情的基盤になる。

他方、同窓会・校友会の側からすれば、「母校の教職員や学生達は一体、今何を考え、大学のどこをどう良くしようとしているのか、具体的に分からない。結局我々は、金集めの組織を作っているのか」といった不満を持たされることも少なくない。

教学の理念・論理に立って、同窓会・校友会に対し母校の現状について分かりやすいインフォメーションを絶やさないこと。すなわち同窓会・校友会をアカウンタビリティーの対象として明確に据えること。教職員の肉声を絶えず届けるという配慮のもとに広報活動の質を変えていくこと。それらがきわめて緊急な課題である。母校のことがよく分からない、という声を聞く。それは、大学側からは意外に発見できない卒業生のいら立ちなのだ。

互いにとって望ましい関係を、どのように作り上げるか。大学の激動が続く現在だけに、それは重要極まる課題である。検討すべきことはたくさん残っている。

（日本私立大学連盟『大学時報』一九九七年三月）

III

大学教育の現場から

1 教師教育・教職課程の教育と大学改革

――教職課程担当教員の立場から――

一昨年の一九九二年まで国立総合大学で教育学部に勤め、その年の後半から私立大学に移った。教職課程に勤務して、中・高教員免許状の取得をめざす学生達の教育に当たっている。

日本の大学は今大きく揺れている。正確に言えば揺れさせられている。

その中で「教職課程」という組織およびそれが提供しているカリキュラムはどういう位置付けを与えられ、どのような役割を果たせばよいか。これが第一の問題である。大学が迫られているカリキュラム全体の再編成との関係の中で一般国立・公立・私立大学や短期大学ですでに問われているところであり、そうでなくとも、早晩問題になることである。

第二に、国立大学の中の旧帝大系大学の教育学部は大学院重視の動向の中でどのような制度を取り、学内的位置を占めるべきかが問われている。多くの伝統的私立大学も、早晩大学院重視の改革を迫られるであろう。その際、教職課程や教育学科はどのような役割を果たせばよいか。

第三に、国立教員養成大学では連合大学院が発足しようとしている。その役割は何か。

第四に、教員採用人員の少なさから、国立教員養成大学・学部が「効率性」の観点により文部行政によって厳しく存在理由を問われている。その帰すうは、看過できない。

以上のうち、第一および第二の二つが、著者のここ数年当面させられ、考えさせられた問題である。

他方、主体的な言い方をすると、私どものように大学で教師教育に当たる教員は、この数年の大学の動揺の中で、かつてない厳しい要請に当面している。それは二重の専門性がもたらす要請である。すなわち教師教育に当たる大学教師としての専門性と、大学教育全体に責任を持つスタッフとしての専門性との二つから来る要請である。平たく言えば、教授会メンバーとして大学教育全体の課題を考え激変に伴う再編に「参加」すると同時に、その大学で行われる教師教育の担当者として何を考え主張し実践していけばよいか、という二重の課題である。

もちろんこれまでも、戦後一貫して、この二重の課題はあった。だが大学設置基準大綱化のもとで、大学教育全体のあり方が大きく変えられようとし、さらに一九八九年の教育職員免許法改正によって教職教育の大学カリキュラム上の量的比重が飛躍的に増大した最近の情勢のもとで、こうした課題や要請もかつてなく重いものになっている。国公立・私立を問わず多くの教職教育関係者が、これまでになかったほどの忙しさに呻吟《しんぎん》しているのも、そのせいである。

身辺あるいは他大学に起きている状況を念頭に置きながら、この場を与えられた機会に、先の第一の問題だけを中心として、ふだん考えているところを記してみよう。

「自動車学校」と「盲腸」の間

教職課程およびそれが提供するカリキュラムは、一般大学とくに総合大学の中ではきわだって強い目的志向性を持っている。言わば大学の中の「自動車学校」部分が教職課程である。教員養成学部・学科を除く他のすべての専門学部・学科のどこにもない目的志向的履修のコース、それが教職課程である。

もっとも、性格において似かよっているのは医学部・薬学部・獣医学部・看護学部・福祉関係学部などだが、これらのかなりの部分では、卒業制度と国家資格試験制度は同一のものではない。つまり学部カリキュラムの修了が資格取得に直結するわけではない。教職課程の教育だけがこの両者を直結させている。コースの修了を認定するのは大学であるから——言い換えると教職教養・教科専門・実習などの諸科目の単位認定権は大学にあるから——アンダーグラジュエート部分の教師教育は大学全体の直接の責任となる。

しかし——というよりむしろしたがって、教職課程は、教職教育担当以外の多くの学部・学科に、大学教育中の異質な部分として映ることになる。

理・工・医・農系の過密なカリキュラムを持つ学部からは学生の履修をいたずらに阻害するコースと見られ、教職教育関係者は、全学的な時間割に教職関係科目を入れることに苦労する仕儀となる。

他方、より自由度の高いカリキュラムを展開する文・経・法・経営・教養などの学部から見ても、教職課程は、大学の意思によって決定することのできないカリキュラムを伴って大学に刺さり込んでくるトゲのようなものとなる。なぜなら、教職課程で開設を要求される科目群は、教育職員免許法という国会の立法権に属する法律によって定められ、その立法過程に大学が参画する余地は極小だからである。意識の強弱は別として、カリキュラムの決定権が大学にあることを大学の自治の一環だと思わない大学人はほとんどいない（と思っていいだろう）。そのように考える者にとっては教職課程は大学の自治・学部の自治に反する部分として映る。教職課程、いやむしろ教師教育そのものが、大学の中で、異質性を持つものとして、時には大学の自治・学問の自由の対立物として扱われ、それが戦後教師教育の発展や擁護をどれほど阻害してきたかは、ここに改めて言うまでもない。

教育職員免許法改正などの際、課程再認定に当たって他学部の合意を得るのに苦労した教職担当者は無数にある。免許法改正の趣旨を説明すればするほど、文部省の代弁者のように見なされ、かえって反発を買った、という話をこれまで何度聞いたろう。そうした苦労を支える制度構造は、実はきわめて堅いのである。

ところで、教職課程のもう一つの側面は、大学にとって「盲腸」に近い存在だということである。そもそも教職課程申請をするかしないかも、大学自身の意思による。その意思の担い手は私学の場合創立者であったり経営側であったりすることが多く、学部あるいはそれに代わる組織の教員であることは少ない。つまり一般の大学教員の意識からすれば「あってもなくてもよい」部分だということになる。教職課程を設置しておけば学生募集の際の魅力の一つになるのではないか。その程度の判断で教職課程が置かれているにすぎない、という例を私どもは多く知っている。しかもやっかいなことにこの「盲腸」は時々痛む。こんな面倒なものなら、また教職に就く卒業生がそんなに少ないのなら、教職課程などなくてもいいのではないか、という反応に直面した教職教育関係者は少なくない。

伝統的大学の中で教育学部・教職課程に籍を置いてきた著者でさえ、いやむしろそれだからこそ、右のような反応に何度も出会った。

教職課程担当者の学生環境

教職関係者にとってはあまりに自明のことを書いてきた。と言うのも、著者は、現在の大学状況のもとで、これまで述べてきた教職課程の位置を生かすことはできないかと考えているからである。「自動車学校」部分と「盲腸」の両極の間を揺れる組織としての教職課程。この事実を直視した上で、そこでの教育が、変革を迫られている日本の大学教育に対して発信できることはないか。幾つかの状況的前提を率直に考慮に入れれば、発信は可能ではないか、というのが著者の提言である。さらに、その前提の一部もまた現実に可能性として教職教育に含まれているのではないか、というのも以下述べたいことである。

第一に、所与の前提として、「自動車学校」部分としての教職課程に参加し教育実習までを要求される学生達は、学習意欲・主体性において一般学生達に劣るか？

自校の教職教育に従事し、さらに幾つかの大学の教職教育を手伝った経験からだけ言っても、そのようなことはない。課程の履修登録料を徴収する私学においてはもちろん、国立総合大学においても、教職をめざし最後まで行く学生達の学習意欲は、その他の学生達のそれに決して劣るものではない。今勤務する大学での観察からすれば、受講態度、学習意欲の面で、他の学生を引き離している。彼等の中には、一般教育・専門教育からなる通常の学習負担に加えてさらに教職科目を取る、という労苦に耐える何ものかがある。その感想がこの二年間の総括である。また国立総合大学勤務時代に同僚と話し合ったことだが、教員志願者達は、不況で企業就職率が下降してきたとはいえ、多くは四年次の冬までに内定の決まる友人達の中にあって、教職への望みを捨てずに卒業直前の三月まで採用面接を待たなければならない。その大きな忍耐を支える心的態度や意欲は、「職業の主体的選択」という行動原理を明確に持っている点において、一般学生よりはるかに優れたものを感じさせる。

加えて、これまた周知のように、教育実習の体験は彼らを確実に成長させる。

「自分は何もかも分かっている」と思い込んでいた学生が、児童生徒達との格闘を通じて、実は何も分かっていなかった、という回心にも似た体験を記す実習記録を読んだことのない教職課程関係者は少ないであろう。あの体験の中で、学生達は「知」の原点に立ち返る。彼らの当面するのは、これまでの偏差値型の学力とは異なる次元における学問の論理である。一度教育実習を体験した学生に教科教育法や教材研究を指導したことのある大学教員ならば誰でも知っているが、その後の彼等の「勉強」は、自分の在籍学部でのそれまでの「専門」の勉強をはるかに越えたものになる。

先に述べた学習意欲や意欲の存在に右の実習の陶冶効果を加えれば、私ども教師教育担任者は、今の大学の中では恵まれた「学生環境」に置かれていると言ってよい。また、それは教職課程履修＝強制された学習＝イージーな学習態度＝開放制免許制度下の安易な単位取得、という俗見を打破する可能性を示していると見るべきであろう。

何を発信できるか

第二に、状況的前提として、大学全体が今迫られているカリキュラム改革の基本方向は、実は学士課程教育レベルにおけるリベラル・アーツ型教育の強化である、という点がある。

もちろん、実態の表面だけを取れば、教養部の解体、その専門学部への分属や再編、一般教育名称の科目の消滅、残存している場合にもその単位比重の低下など、教養教育の衰退は否定しがたいように見える。だが、これまでも著者が幾度かの機会(たとえば「『大学問題』を見る」『教育学年報』I、一九九二年九月、「大学改革の視点と課題」日本体育大学『近未来ブックレット』1、一九九三年七月、近年の論集として『大学教育の創造』東信堂、一九九九年など)で主張したように、一般教育(という言葉が制度上問題があるとすれば、教養教育、リベラル・アーツ型教育)は、臨時教育審議会においても、大学審議会においても、文部省においてすら否定されてはいない。大学設置基準大綱化をもっぱら一般教育縮減方策、ないしその許容政策と受け取ってきたのは大学側自身なのである。求められているのは、教養教育を含めた大学教育全体の改善と新しい内容・形態の創造にほかならない。

一方、産業界はもっとシビアに、大学教育の成果として、学生の広い視野、的確な判断力、コミュニケーション能力などを期待し、教養教育への要請をはっきりと打ち出している(経団連『新しい人間尊重の時代における構造変革と教育のあり方について』一九九三年)。

また、札幌大学が行ったユニークな調査(同大学資料『企業、学生は大学に何を期待しているか、教職員はそれを認識しているか』）によっても、全国規模の企業は、大学教育への期待のトップに「即戦力とはならなくても応用力の基礎となる専門的知識、技術、理論」（七四％）すなわち専門教育の成果を上げるが、これと僅差をもってあげているのが「自主的・総合的判断力」（六六％）である。それは「即戦力となるような実務的知識」（四％）などを大きく引き離している。そしてその教養教育について企業が最も期待するのは「社会・自然・人間に関する広い知識（社会常識、文化常識）の習得、および意思、感情、情意などの伝達（コミュケーション）能力の開発」と「学問を社会的課題解決のために応用する能力、自主的な価値判断と態度決定能力の開発」である。

企業は二一世紀をにらんで、国際化し流動化し予測不能な問題状況が起きることを予感し、かつてのような素朴な専門学力強化を大学に押し付けることを慎み始めていると見てよい。要するに内・外ともに、大学のアンダーグラジュエート教育部分は、これまでのような学部縦割り型の硬直したカリキュラムだけを提示することを、長期的には許されなくなっている。この点を読み切った大学・学部が「サバイバル」に残ることができるであろう。

この状況は、教職教育にとって二つの側面をもって現われる。

第一の側面は、矛盾である。先に見た「自動車学校」部分としての教職課程のカリキュラムは、形の上では明らかにリベラル・アーツ型教育になじまない。柔軟なカリキュラム構造の中に、異質性を持つ目的志向的な、硬い履修コースとして存在することになる。

しかし、教職課程で行うことを求められている教育の質の部分を考えるとどうであろうか。そこには第二の側面、すなわち専門としての「教育学」の教育を超えた内容、質が現にあるのではないか、というのが著者の観測である。

たとえば教育職員免許法で定められている「教育の本質及び目標」に関する科目を講義するとき、私どもは子ども・青年の探究を語ることを通して、人間そのもののあり方や発達・成長の実態や思想、それを規定する制度やシステムについて触れないわけにはいかない。「生活指導」の講義で登校拒否や非行について触れないわけにはいかない。教育心理学的内容の講義において、「子ども理解」とは何かに触れないことは考えられない。要するに、教職教育において必要とされる知識・探究は、講義形式を取る場合もゼミ形式を取る場合も、必然的に直接「人間」に関わるテーマに満ちている。教師論、授業論、学校論すべてしかりである。

大学教育の中でこれほど「教養教育」的性格を持つ領域があるだろうか。

著者の狭い体験から言っても、教職教養科目を受ける学生達の初発の関心は、技術的関心ではなく、自分の受けた教育体験や人生体験を介した人間論的・人生論的関心である。これにこたえる講義内容やゼミ・テーマを設定すれば、多くの学部から登録している学生達は、大いに学習意欲を燃やす。さらに教育実習、さらにその準備としての模擬授業体験、特別活動の一環としてのボランティア活動(立教大学ではつとにそれを取り入れてきた)など、多くの学部では期待できない実体験部分を加えれば、教職教育は、大学の中で他に比べるものもないほどの教養教育的要素を持っている。それは「自由化」が予想される今後の大学教育の中で決して傍流の部分ではなく、実は教育活動の主要部分の一環たりうるものである。

教養科目がアンダーグラジュエート段階で現在よりも自由に配置され、クサビ型や逆クサビ型のカリキュラムが学生達に提供されるようになれば、教職課程の教育を教養教育の一環として組み込む例も増えるかもしれない。また、総合科目やテーマ学習等の設定も求められることになろう。その時、教職課程担当者は、事に応じてその中に参加し、また時には総合科目の組織者となって人間形成、人間と教育、人間と学習に関わる科目を一般学生にも提供することができる。

要するに、今後の大学カリキュラム改革の道程の中で、教職教育部分は免許状取得への方向限定的効力だけでなく、大学教育全体に対して発信しうる要素を多分に持っていると言わなければならない。もちろん、発信を可能にするためには「教職教養」の内容そのものの革新作業が必要となる。

「教育学的教養」の確立をもって教職教育の将来の方向を定めようという見解もある。だが、もし「ここからここまでは教育学的教養ですよ」という提示の仕方であれば、それは教職課程の必修領域をセットとして要求することになり、「自動車学校」的性格を強化することになりかねない。問題は「教育学」の内容である。

また教職教養を「市民的教養」として位置付けるべきだという見解もある。この場合も、本論の趣旨からすれば、大学教育以外の場での教養としてではなく、まさに今後の大学教育の最重要部分の教育内容として、教育に関する学問的教養が位置付けられるべきであろう。

大学教育と教職教育

教職教育の今後を考える際に、最近著者が大いに示唆を受けたのは、アメリカの社会哲学者D・ショーンの専門家論にもとづいて本誌『日本教師教育学会年報』第二号（一九九三年六月）に掲載された佐藤学氏の論文であった。

氏は、教職の専門性に関する新しい動向を紹介しつつ、「省察」と「熟考」という実践的思考の能力を「教師の実践的見識（practical wisdom）」と呼び、それを教職の専門性の基礎と見なすという提言を行っている。氏によれば、「省察」は（私の読み取りでは）「科学的技術の合理的適用」を超え、子ども・教師の双方向的な反省的思考を組織した実践過程への専門的洞察を意味する。「熟考」は「実践的な問題の解決に向けて多様な領域にわたる諸理論を総合し取捨選択する技法を探究する思考」である。これらの能力を内面化した教師が「反省的実践家」モデルとして提示されている。さらに、上記の思考に支えられた実践は、心理学と教育学の範疇を超え、「文学、芸術、社会学、政治学、経済学、文化人類学、言語学、倫理学、哲学など、人文・社会諸科学のほぼすべての領域の理論的知識が関与するもの」となる、と言うのである。（注：ドナルド・ショーン『専門家の知恵』佐藤学・秋田喜代美訳、ゆみる出版、二〇〇一年）

著者も佐藤氏と同じく、この専門性モデルに多くの同意すべき点を認める。そのことを前提として言えば、ここには大学教育論として引き取ることのできる幾多の論点があると思う。

第一に、佐藤氏も強調しているように、この専門性モデルに即した教職教育は当然のことながら学習者に豊かな教養を要求する。教養教育重視の大学カリキュラムは、単に大学カリキュラム改革の課題であるだけでなく、教職の専門性の形成にとっても必須のものである。教職課程担当者は、大学における教養教育の重視を、大学に対して要求してよいのである。

第二に、「熟考」に支えられた実践に関与する諸理論が教授されるのは、明らかに専門学部のカリキュラムであるが、教職課程における教育を受ける学生達は、まさに教職教育部分での教授・学習を通じて、自分の属する専門学部で受けた諸知識を反省し、時には批判することが必要になるし、またそうでなければならない。

経験に即して言えば、教材研究や教科教授法を通じて、また模擬授業の機会や教案作りの体験を通して、さらに実践記録検討や授業見学、ビデオ学習等々を通じて、各学部の学生達が文学作品や歴史記述、自然法則理解や文法理解等について、自分の学習の限界に気づいたり、「専門」で教わったことの誤りにすら気づくことを目撃することも少なくない。やや強く言えば、学生による専門学の問い直しや批判が、教職の授業を通じて起こりうるのである。

同じく、教職教育担当教員においても、この作業は常に起こりうる。教科の広がりや実践の多様さに着目すれば、「教育実践に関連する理論分野」の中には、人文・社会諸科学をはじめ、医学・保健学等の身体に関する分野や自然諸科学も含まれる。それらを含め、教職教育担当教員は、教師を志望する学生達を指導する立場から、彼らが直面する実践上の課題を共有すべき位置にいる。そのことによって、まさに、大学が抱える伝統的諸「専門学」への吟味や批判を加えるべき立場にいるのである。

とすれば、それは中世大学へのリベラル・アーツの導入や、戦後日本に一般教育が導入された時の理念と偶然にも符合する。既成学術の批判と反省、それが西欧大学史における学科課程の「リベラリゼーション」のエートスであった。

今、日本の大学教育が抱えている課題と、教職教育がめざすべき、あるいは果たすべく存在している課題とは、多くの点で共通する。今日私ども教職教育担当教員は、慧《さと》い洞察のもとに、このテーマを考える時であると思う。

これまで記した多くの論点が、すでに戦後各地での教師教育実践から出されていること、教職関係者の大学改革参加への歴史は決して少ないものではなかったことを思い起こしながら、巻頭文を依頼されたのを機に、提言としたい。

（『日本教師教育学会年報』第三号巻頭論文、一九九四年六月）

2　学生諸君に「レポートの書き方」を教えて

はじめに

学生諸君は、レポートというものの作り方や書き方を、どこかで教わっているだろうか。前から疑問に思っていた。退屈を噛み殺して毎学期の山のようなレポートを読むたびにそう思いながら、次の学期の講義が始まると忘れてしまっていた。

最初に講義に組み込んでみたのは、一九九六年だったろうか。立教大学専任教授の終わりごろだった。学期末も近く、学生諸君がそろそろレポートや試験が気になりだしたように見えたころ、ふと「そうだ、この時間の最初に『レポートの書き方』について話してみよう」と思い付いた。「教育学概説」(受講者約九〇人)の講義の合間である。そのときは三〇分ほど話してみたところ、出席カードの裏には、申し合わせたように「とてもよかった」「初めて聞いた話です」といった感想が書かれていた。

それに励まされて、以後なるべく一時限をとって話すようにしてきた。

一九九八年に停年で桜美林大学に移り、共通講義(受講者約二〇〇人)や教職課程(同前後期計約一一〇人)

の講義を持つようになって三年になるが、これを続けている。非常勤で教えている立教大学教職課程（前後期累計約一六〇人）でも続けるようにしている。

そもそも自分自身も論文を書く身である。なのに、講義の中味を報告するのは、忸怩《じくじ》たるものがある。だが、現在求められている大学の授業改善には何かの役に立つかも知れない。勇気を奮って書いてみよう。

ちなみに著者のレポートのテーマは、毎学期とも「講義で取り上げたトピック、テーマの中から、君が関心を持ったものを一つ選び、調査考察せよ」というものである。「四〇〇字八枚以上、上限なし」というふうに伝える。このテーマについては学期の初めから明言している。二度ほど小レポートも課し、総合的に評価する。

講義を重ねてみて分かったことを、先に書く。

(1)　多くの学生諸君はこの種の話を聞いたことがないらしい。高校まではもちろん、大学に入ってからも、指導を受けたことはきわめて少ない。中には、予備校や、稀には高校で「小論文指導」などを受けた者もいる。ただしその場合、関心は言うまでもなく「採点者を引きつけることのできる文章の書き方」という点にしぼられている。「レポートの書き方」となると、初耳の場合が多いようである。

反面、理科系の学生がたくさんいる「教職課程」や「教育学」の講義でこの話をすると、物理、化学、数学などの学科（立教）の学生も大いに喜んでくれる。経済やビジネス・マネジメント学部（桜美林）などの多人数講義の多い学部の学生も、そうである。

(2)　本章末の参考文献、追記(二八一〜二八二頁)で書くように、市場には意外にたくさんの参考文献が出ている。内容は一長一短あるが、教育学のような「文科系」の領域のレポートを書くのに参考になるものは、思いのほか少ない。

稀には卒論でせっぱ詰まったときにそれらを参考にした者もいるし、「文章表現法」などというテーマの科目を「取ったことがある」という者もいる(桜美林大学の国際学部・文学部の例)。その場合でも、教職課程を担当する著者のような、違う学科の教師から話を聞くのは、新鮮で、参考になるらしい。

つまり、このような指導は、立教大学で言えば全学共通カリキュラムの中に科目として置かれることも望ましい。しかしそれと並行して、それぞれの専門科目の場で、それぞれの先生が、個性的にチャレンジすることも大切である。それぞれの学科内容と関わらせて聞けるからである。重複や矛盾を気にする必要はなさそうである。学生諸君はそれぞれ聞き分けて、参考にする。

(3)　教員の方では気づかないような点について、学生達は困っている。それを見つけ出しながら話を組み立てていくのも、楽しい。

この話をしている間、どの教室においても、ときに悩まされる私語は皆無に近かった。大げさに言うと、食い入るように聞いてくれる。成績評価や単位取得に関わる実利性もさることながら、実は彼ら自身、大いに悩んできたのである。

とくに新入生の場合は、生まれて初めて「レポートを提出せよ」と言われ、人に聞くこともできず、途方に暮れている。すなわち、とても切実なテーマなのだ。

どのようなことを話しているか(1)

「前の時間は○○について講義しました。次には△△に入る予定だけれども、この時間はちょっと脇道に入って、ぜひ聞いておいてもらいたいことを話します。それはレポートの書き方についてです」。

こんな前置きをして、本題に入る。

順序は、だいたい左記の通りである。

(1)　レポートとは何か。感想文、作文、論文、学位論文とどこが違うか。
(2)　「研究報告」というものの取るべき構成。
(3)　私のレポート作成の体験。
(4)　これまで出会った印象に残るレポート、論文の例二、三。
(5)　言い切りのかたちについて。
(6)　生涯書くことになる「レポートというもの」。

何度か繰り返しているうちに、著者の場合、今のところ右のように固まった。

(1)は分かり切ったことのようだが、学生諸君にとっては新鮮な話題のようである。

「先生が教えてくださっているレポートの書き方はとてもためになると思います。今まではちゃんと教えてもらったこともなく、大学ではそのようなことは知っていて当たり前とされているので、けっこう困っています」(桜美林、英文三年)といった、それこそ無数の反応が返ってくる。その基盤は、(1)のような第一歩を教えていないことから来るように思われる。

さて、大学院学生を含む学生達が書く論文・報告の類は、おおむね次の五つのものである。

① 修士論文および博士論文
② 卒業論文
③ 期末レポート
④ 随時提出の小レポート
⑤ 自然科学系の場合、実験報告など

「①や②や⑤については君達の属する学科や研究科、教室などで指導されるだろうから、ここでは正面からは触れない、また④も除く」と断っておく。

これは何でもないことのようだが案外大事な指摘で、学士課程段階の学生達の中には、これらの区別がつかないで、ただ「要求されて出す作文」という感じで、すべての論文、レポートを捉えている者が多いように思われるからである。

ここで取り上げる③は、アメリカの大学では、主にターム・ペーパー term paper と呼ばれるということも、紹介しておく。

ただし、テーマに関する研究状況をきちんと踏まえているかどうかが目安となる修士論文や、研究のオリジナリティーが何よりも重視される博士論文は別として、②の卒業論文（アメリカではリサーチ・ペーパーと言うらしい）は、ときには③の期末レポートの発展した形態ともなることがあるから、随時触れる、とも断っておく。

また、文章の上手下手や、味のある文を書くにはどのような点に気を付ければよいかといったことは、感想文や作文を書くときには重要だが、②や③では必ずしも決定的に重要なことではない、もちろん明晰に書くことは大切だ、『論文の書き方』『文章読本』といった本がたくさん出ているから、それを読んで欲しい、と話しておく（「後記」参照）。

さて、「レポート」と通称される期末レポート（以下単にレポートと書く）あるいはターム・ペーパーは、

(1)　その学期の講義や討論を通じて学習した内容と密接に関わりがあること、
(2)　作るのには一定の調査活動や資料収集などを必要とすること、
(3)　そこで集めた事実や意見に対する君自身の「考察」が必要であること、
(4)　規定枚数を守り、期限内に出すという制約があること、などの点が特徴だ、と説いた上で、とくに(2)と(3)が求められるからこそ、「感想文ではないんだよ」と強調する。

この「感想文ではない」ということは、学生諸君にかなりインパクトのある注意点であるらしい。授業後の反応でも「初めて気づいた」「私がこれまでいろんな科目に出してきたレポートは、考えてみれば全部感想文でした」などと書く者が、いずれの大学にもきわめて多い。

もちろん、彼等の無知だけを責めることはできない。というのも、高校までの間に彼等が遭遇した最

も多い執筆経験は「読書感想文を書く」ということだったと推測されるからである。その他「卒業に当たって」とか「将来の夢」などという課題作文なども、広義の「感想文」だと言ってよいだろう。

レポートとは、心情や意見を吐露した文章ではなく、基本的には調べたことを考察した結果の「報告書」なのだということを、はじめにはっきり強調しておく必要性がある。

それも、講義の反応を読んでいて、分かったことである。

どのようなことを話しているか(2)

先に挙げた本論の(2)に入ってまず強調するのは、レポートというものには「仮説—検証—結論」という筋が貫かれている必要がある、という点である。黒板に大きく書いて説明する。

——仮説とは辞典的に言うと、「一定の現象を統一的に説明できるように設けた仮定」(広辞苑)のことだけれども、あまり難しく考える必要はない。

「本当の解釈はこうではないか」「本当はこういう風に考えた方がいいのではないか」「先生は講義の中で(たとえば不登校問題について)こういうふうに言われたけれども、私の考えとは違う。もっと詳しく見ると、どういうことになっているか、私なりの見方を立ててみたい」と考えて、調べ直してみる、といったことも、「仮説を立てる」ことの一つである。

——「『体罰』について先生の意見は分かったけれども、私は、ある程度の体罰はあってもよいと思っている。体罰肯定論はないだろうか。調べて考えてみたい」。「チェコスロバキアの教育思想家コメニウスについて講義で学んだけれど、自分で著書の翻訳を読んだりして、本格的に調べてみよう」というように決心することも、仮説作りの一つと言える。

ただしそのとき、なぜ自分は体罰あるいはコメニウスに関心を引かれたかを、静かに考えてみよう。その理由の底に、実は君の「仮説」が隠されているかも知れないのだ。それが分かったら、その仮説も書いておこう。

――「検証」とは自分の仮説が誤っていないかどうかを調べることである。自分の考えや疑問は当たっているか、もっと違った面があるのではないか、それともはじめから誤っているのか、といったことが検証を通じてはっきりしてくる。調べるうちに、仮説は単なる見当はずれだったことが分かる場合もある。それも立派な検証である。

――検証が終わったら、必ず結論を書く。その結論は、仮説とは違う。これこれこのように予想して調べたり考えたりしたが、私の仮説(予想)は誤りだった、とか、その通りだった、とかいうことを書くのが、結論だ。

研究のようでいて実は研究ではないのは、仮説と結論が、「検証」を経ないで、同一、同じものであるような研究である。つまり、はじめから結論が出てしまっているような研究のことだ。それを書いた文章は、感想文や意見書で、研究成果を報告したレポートではない。

学期ごとにニュアンスは違うが、まず以上のような論旨の話をする。

これに最近付け加えているのは、「仮説はなるべく具体的であったほうがよい」という点である。

――毎年、たとえば「登校拒否について」というような題のレポートを出す人がいる。これは具体的な問題を扱っているようでいて、実は抽象的なテーマである。登校拒否を扱うにしても、たとえば「近年の新しい傾向を分析する」とか「増加の原因についての社会学的考察」といった、もっと細分化した角度が必要だ。講義ノートや配付資料を見直すと、仮説を細かくするヒントが見つかるはずだ。

こうした話のヒントになったのは、尊敬する歴史家・上原専禄氏（元一橋大学学長、故人）が、ある所で行った談話記録である。

談話は、「なぜ教師は『大学』で養成されなければならないか」をテーマに行われた。氏はその文脈の中で「昔の師範学校での教育はどういう点で『学問』の精神を育てることができなかったか」を論じている。

師範学校で要求された学習と教育の多くは「仮説と結論が同じ」という特徴を持っていた、考察する前から結論は決まっていた、それははじめから「学問」としての成立要件を欠いていた、という話である。

この批判の背後には、原史料にもとづくドイツ中世史研究の権威としての研究論と、戦後上原氏が展開したラジカルな学問変革論がある。残念ながらこの談話記録は公刊されていないようだが、若いころに読んで深い感銘をおぼえた。その基本線を敷衍して、講義しているわけである。

「抽象的な仮説」云々のところでは「曖昧な仮説」のサンプルになるような前学期のレポートを引用したりして、なるべく分かりやすくするよう心がけている。

どのようなことを話しているか(3)

次に(3)で話すのは、著者自身のレポート執筆の具体的経験と、これまでに出会った幾つかの印象的なレポート、卒論の話である。

第一は著者の体験。

――東京大学教育学部の学生時代に、教科専門科目として、「国語学特講」というのがあった。文学部で聞かなければならない科目で、国立国語研究所におられた中村通夫講師が担当だった。「江戸語研究」という内容で、国語国文学科に進学しようかと思っていた時期もある私にはなかなか面白い講義だったが、学年末に自由課題でレポートを要求されて、大いに困った。自分でテーマを立てレポートを書くということになると難しい。

さんざん迷ったが、ふと思いついたことがある。それは講義の中で、江戸文献の口語会話の中にどのように第一人称と第二人称が出てくるかを見ていくと、社会構成の成立や変化をよく知ることができる、明治維新前後のような変革期には、とくに一人称と二人称の変化が激しい。新しく登場した一人称、二人称がある、たとえば「君」「僕」などは学生の登場で生まれた言葉だ。そんな話があったのを思い出した。

あれだ、あれを自分でやってみよう、それには何を調べたらよいか。思いついたのが坪内逍遥の『当世書生気質』である。明治一八～一九年出版の「写実主義」の実験小説と言われているあの小説なら、明治維新直後の一人称と二人称の使われ方が、正確に書いてあるかもしれない。どうなっているのだろうか。分類してみたら、レポートというものになるかもしれない。

早速文庫版の小説を買ってきて、会話の中に出てくるあらゆる一人称と二人称をカードにとり、それを登場人物の職業や性と組み合わせて考え、やっと期限に間に合わせた。大変だったけれど、面白かった。たしかに先生の言われた通り、「君」「僕」は学生しか使っていない。医学部の学生は酔っぱらうと「イッヒは」などという言い方もしている。ドイツ語で「僕は」という意味である。医学を学んでいるということをひけらかしているのだ。

「君」「僕」が書生の登場によって始まったという先生の話は正しかったように思う。でも、カードを見ていると、女性達の一人称・二人称と社会的身分の差が関連しているといったことも分かった。それらも加えて、割にうまく書けたと思う。一番高い評価をもらった。

年によっては別の体験を話したこともあるが、このごろは主に右の話をする。

学生諸君には『当世書生気質』というのがもう一つピンとこないような感じだが（受験のころ日本史か国文学史で書名だけ憶えさせられたからだろう）、あとはニコニコして聞いてくれる。著者にとって思い出深いのは、生まれて初めて書いた本格的レポートの一つだったからである。

次に(4)に移る。

これまで印象的だったレポートや卒論について、いろいろな例を年に応じて紹介するが、しばしば紹介するのは、次の二つである。

――東大で教えていたころ印象的だったのは、「大学史」という講義をしたときの、ある学生の書いたものだった。彼は、「私学の創立の理念について」という題のレポートを出したが、ユニークだったのは、それを調べるのに、実際に自分の家の近くにある私立大学（東洋大学）の校門の前に朝早く行って、登校してくる学生達三〇人あまりに「あなたは東洋大学の建学の理念を知っていますか」「知っているならばそれは何ですか」というインタビューを試みたのである。知っていたのは一割程度だったという。

この調査から切り込んで、「私学の建学の理念はどのように作られ、どのように意識されているか」という角度から歴史研究をまとめた。

――卒論で印象に残るものの一つは、立教大学文学部教育学科で教えていたときのものである。彼女のテーマは「小学校建築の歴史」というものだったが、小学校建築について、まずは定石通り法制度や実体の歴史を調べ、その変化がどういう教育政策や教育実践と結びついていたかを考えた。

これだけでも十分高い評価に値する論文だったが、すぐれていたのは、最後に、当時最新のフリースタイルの教室設計で有名だった千葉県のある小学校を訪ね、一週間ほど通い詰めて、その教室の中で行われる教育をじっくりと観察したことである。この観察の結果、自分がもし教師なら、この建築様式の学校にはなじめない、これでは親しめない、子どもや教師達の様子や感想もそれに近い感じで、喜んでいるのは校長先生だけではないかと思われると記し、歴史的考察への結論にこの実地観察を織り込んで、図版や写真入りの見事な卒論に仕上げた。前後五年間のうち最も高く評価した卒論で、学科の先生方も皆同じ意見だった。

この二つを定番のようにあげるのは、「調べる」「検証する」という活動へのヒントが含まれていると思うからである。

本やインターネット情報をあさるだけが研究ではない。実際に現地に行ってみる、インタビューをする、といった活動も立派な「検証」であり「研究」なのだということを、付け加えることができる。「足で書く」「身体で調べる」「想像力を生かして考える」といったことの重要さの例話になると考えるからである。こういう話をするようになってから、実地の観察や調査を加えたレポートが、ときに加わるようになった。

また、この内容は、新しく教育課程に入ってきた「総合的な学習の時間」についての講義（学生一人一人に実施計画を出してもらい、数種を選んで発表させる。本書Ⅰ-1参照）とも関わらせることができる。その際、著者は、現代社会における知の創造のあり方を、マイケル・ギボンズらの「知のモード論」との関わりで考える講義を行うので、それと右記の二者の話とを連動させることができるのである。

なお先にあげた二人の学生のうち、前者は現在私立大学で教べんを取り、後者は中堅の小学校教師になっている。

言い切りの形について

最近付け加えるようにしているのが、このテーマである。

黒板にさまざまな言い切り（文章の止め方）の形を対比的に書いて、それぞれを説明する。

「である。です。

「のである。のだ。のです。

「と思う。

「と思われる。
「考える。
「考えられる。
「みられる。
「推定される。
「と述べられている。
「とされる。

以下ではいちいち記さないが、たとえば次のように説明する。
――「である」と「のである」は近いように見えて、実は異なる。

どちらも断定の意味を持つ点は共通しているけれども、「である」が単なる断定であるのに比べて、「のである」には、読む者を説得するというニュアンスが強い。後者は、昔は軍隊で上官が部下に演説するときとか、権威者が書いた文章とかに、多く使われた。今でも新聞・雑誌などにはよく出てくる。つまり自信のある、読者に伝えたい情報や命題を述べたり、はっきりした結論を提示したりするようなときに、慣用される。

だが、その分、「押しつけがましい」という印象が伴う。学位論文を指導するある大学の教授で「のである」を絶対使うな、と大学院生を躾けている人を知っている。使うときにはよく考えて使い、濫用してはいけない。

――「と思う」という主観的な言葉は、使わないことを原則としたほうがよい。

論文の書き方を書いたアメリカのテキストではI think……という言葉は禁句にあげられている。実際、アメリカの大学で論文指導を受けた人の体験談では、この言葉を使ったレポートは容赦なく注意されるそうである。「君がどう思っているかなどということは、研究には何の関係もない」と酷評されると言う。似たことを表現したいなら、「と考える」のほうを使うこと。これも主観的な判断を示す表現だが、同じく判断は判断でも、論理的な推論があってのことだということを示すからである。

「と考えられる」は「と考える」に比べて客観性の強い表現で、研究の筋道を説得的に書かねばならないレポートには適している。ただし、使う文脈によっては、官僚的というか、無責任な感じを与えることもあるので、注意すること。

ときには短い例文を添えて、こういうように解説を加えていく。

右に述べた解説が果たして学問的に正しいかどうか、まだ調べていない。できれば国語学者の意見なども聞いて、正確にしてゆきたいものである。

このような「言い切りの形」についての説明が案外大事だと気づいたのは、大学院の社会人入学の院生が、歴史的研究を叙述するときの表現に迷い、相談にきたからである。

研究室の白板をいっぱいに使って、言い切りの用例を説明し、たとえば「みられる」のところには「判断（認識がベースになる）」などと言ったメモを書き添えて、消すのを忘れていた。ところが訪ねてくる院生達が、「これはいい」と言って、次々にメモしていく。では学部の講義でも使えるかもしれないと思って、利用しているのである。

工夫すれば、用例をもっと増やすことができるかもしれない。大学教員の中で相談に乗ってくださる方があれば、うれしい。

用例と言えば、接続詞の使い方なども、大事な指導点かもしれない。この講義でときどき付け加えるエピソードに、ある国際会議の準備大会でのアメリカ人研究者のコメントがある。

たしか一九七一年のことだったと思う。東京で国際科学史学会大会が開かれた。その準備のための大会で、著者を含む五人のメンバーが、リハーサルのため英語で発表を試みた。それを聞いてくれたアメリカ人研究者が言った。

「日本の人達の報告を聞いていると、but..., however..., although....., で繫がっているような気がする。我々は、so..., because...., therefore...., で押していく。学会報告などでは、ぜひそうでなければいけない。君は何を言いたいのだ、と疑われる」。

発表者一同大いに思い当たるところがあった。

この話は、学生達にもよく分かるようである。

論を進めていくための接続詞や副詞句などの正確で効果的な使い方などを、もっと指導しておくべきではないだろうかと思う。大学院に入ってからも、「したがって」「にもかかわらず」「とすれば」「むしろ」と言った表現を使いこなせない学生は、少なくないのである。

むすび

以上、ありのままに「レポートの書き方」という講義の中身を記してみた。前掲(6)になるが、講義の最後に強調するのは、「『レポートを書く』という行動は、おそらく諸君に一生ついて回る仕事の一つだ」ということである。

——将来教師になることを志してこの授業を取っている人達、あなた達には、それこそ学校現場では、頻繁に報告書や実践記録、レポート、昇格試験答案などを書く機会や義務が回ってくる。また会社や官庁に入ろうと思っている人達にも、新しいプロジェクトの提案、役員会への報告、出張調査レポートといった仕事が、絶え間なくある。

そういうときに、正確で説得力のある、主観に偏らない文章を書けるかどうかは、職業生命を左右する。学生時代のレポート執筆という機会は、皆さん全員にとってこの上ない訓練の場である。決しておろそかにしないように。

——二一世紀の大学改革の課題の一つは、生涯にわたる学習の機会の一つとして大学が再生することにある。学士課程の教育の目標は、「生涯学習のための基礎となる認識と研究技法を育てる」ことになろう。とすれば、自己が行った学習の成果を表現する「レポート」作成の方法は、重要な学習内容である。

このように述べて講義をしめくくる。

著者がやり残した課題は多い。たとえば、以上書いてきた内容を、十分に掘り下げてやろうとすると、一時限ではとても時間が足りない。また実際にレポートの添削というようなことをすれば、効果はもっと上がるけれども、その余裕をどうやって生み出すか。

その他、このテーマを発展させてゆくための懸案は多いと思われる。すべてを今後にゆだねて、以上とりあえずの授業報告としたい。


〈参考文献〉


ここ二、三年、書店や生協に並んでいる参考書をできるかぎり入手して読んでみた。

題名にレポートの書き方を謳っているもののなかでは、木下是雄『レポートの組み立て方』(筑摩学芸文庫)が具体性において立ちまさっていると思われた。

これと並んで、保坂弘司『レポート・小論文・卒論の書き方』(講談社学術文庫)と吉田憲正『大学生と大学院生のためのレポート・論文の書き方』(ナカニシヤ出版)の二つは、特に初心者向けに親切である。後者は大学院生が視野に入っている点が貴重である。

論文の書き方のうち、ハワード・S・ベッカー『論文の技法』(講談社学術文庫)は、アメリカ的な論文作法を知る上で参考になる。大学院生や教員自身のための参考文献に適しているのではないか。

著者には、若いころから読んだロングセラー、清水幾太郎『論文の書き方』(岩波新書)が、やはり最も高い標準性を持っているように思われる。文例はやや古いが、岩淵悦太郎『悪文』(日本評論社)も、捨てがたい具体性がある。

最近出たもので現代的なアプローチの点で印象に残ったのは、鷲田小彌太『入門・論文の書き方』(PHP文庫)であった。

以上のほか参照したものは左記の通り。

木下是雄『理科系の作文技術』(中公新書)
鷲田・広瀬誠『論文・レポートはどう書くか』(日本実業出版社)
中村　明『悪文　裏返し文章読本』(ちくま新書)
沢田昭夫『論文のレトリック』(講談社学術文庫)
宮部　修『文章をダメにする三つの条件』(丸善ライブラリー)

〔追記〕

本稿発表後に発刊された野矢茂樹『論理トレーニング101題』(産業図書、二〇〇一年)は、接続詞の用法に関し、論理学的裏付けをもって構成された秀抜なテキストであり、学生達に推奨している。

(立教大学『教職研究』第一一号、二〇〇〇年三月)

3 大学生の「学力」について——立ち枯れつつある「ものを学ぶ」能力——

はじめに

著者は一九七四年春から立教大学文学部の専任教員となり、七九年春から東京大学教育学部に移った。七三年以前の一〇年間ほどは野間教育研究所という財団法人立の機関に勤めていたが、その間も、立教、東大のほか幾つかの大学で講師として教授活動の機会があった。つまり、専任教員としてのキャリアは決して長いとは言えないが、大学教育現場への接触はそれほど短くはないということになろうか。そういう立場から見て、最も気になるのは、学生達のことである。

新入生などを中心に学生達と接してみて最も痛感させられるのは、「ものを学ぶ」ために大切な能力が——とくにその基礎をなす部分が——深いところでひどく立ち枯れてきているのではないか、ということである。

「立ち枯れつつある能力」は次の三つではないかと思う。

① 言語シンボルを介するコミュニケーションの能力。

②概念やコトバと具体的な事物あるいは自己の経験・感情・情念などとを生き生きとつなぐ能力。
③他者と共感する能力。

右の①②③を痛感させられるのは、ごく具体的な教育場面の中である。

「読み」の不得手さ

①について言うと、要するに「読み」「書き」「話す」ということに学生達はひどく不得手になってきている。とくにそれは新入生において著しい。「読み」を中心に見てみよう。

立教大学時代、一年生対象の「基礎講読」というゼミナールを二回担当した。受講者は最初の年（一九七五年）が約四〇人、翌々七七年が五八人であった（ゼミナールなのに人数が多すぎるではないかと思われる読者も多いだろう。まことにその通りなのだが、しかし私学の実状ではこういう組分けは往々にして免れないところである。一方、「講読」といった学習方法に魅力を感じるからか、参加希望者は多い）。

二回とも、この四〇～六〇人のクラスを六～七人の小グループに分け、その小グループごとに、テキストのまとまりのある部分を担当するシステムをとった。一～二週間のグループ討論のあと、グループでまとめた内容紹介と自分達のコメントとを全員の前で発表し、皆で討論するという方式をとってみた。

使ったテキストは、教育学者勝田守一氏（注：東京大学名誉教授、当時故人であった）の『能力と発達と学習』（国土社、「現代教育101選」に含められている）という著書である。教育学入門テキストとして書かれた未完の著書なのだが、人間にとって教育とは何かという主題意識に貫かれ、心理学、哲学、歴史学等にわたる著者の学殖が豊かに反映した、いわば人間学としての教育学の基礎を占める名著だと著者は考えている。表現はやさしいけれども論理はかなり複雑であり、濃縮された思考の跡が読み取れると同時に、部分的には未整理な論述もある。その点が文学部生の読書入門としてはかえってよいとも考えて、このテキストを選んだ。

ところが、学生達は苦しんだ。彼等はたとえば左のような文章にたいそうてこずるらしい。

「私は、一切の知能測定やテストが全部無意味だと主張しようとは思わない。それは、ある時点におけるテストの問題に関する能力をあらわしているという条件づきで、教育的に活用することができる。とくに集団的でない、個別的なテキストに価値をおきたい。短い間隔をおいてとはいっても、ともかく何回かのテストがかなり恒常的な得点をもたらすとするなら、その期間のある心理的な活動の仕方を推定させることになる。（中略）しかし、この時でも、私たちはできるだけ言語的に意味のない文字や図型の操作を、できるだけ早い時間にやるという仕事の内容を考えると、診断の補助的手段以上の意味をもたせることは危険だ」（『能力と発達と学習』三八頁）

途中を略したりしたから、やや意味不分明の感じに見えるかもしれないが、要するに著者は、知能測定テストの意味と問題性を、それによってはかられるべき「能力」の本質との関わりで追究しようとしているのである。右の文章の次の段階は「問題は、人間の能力に関する思想にある」という文章で始まる。

学生達は、右のような文章に苦しむ。と言うより、いら立つ。

「要するにこの人は知能テストなどをいいものだと考えているのか、批判しているのか、そこがはっきりしない」

というわけである。いいならいい、ダメならダメとハッキリして欲しい、そこをはっきり言わないから、考えがつかめないのだ、と論じる。前のほうで「全部無意味だと主張しようとは思わない」と言いながら、最後で「危険だ」などと言うのは、矛盾ではないか――二年間に出会った学生達は、ほとんどこういう反応である。

右の文章などはほんの一例であった。著書のほとんど全体にわたって、著者は学生達の「よく分からない」という受け取り方に直面し、いわば闘わなければならなかった。著者の見るところ、この書の著者はあるテーゼを提出するとき、必ずその対《つい》となるアンチ・テーゼが見えている人である。アンチ・テーゼを配慮し、それに対する慎重で周密な考察をした上で、自分のテーゼを出す。こうやって出されたテーゼであるから、それは、単純な肯定形ではなく、実は、より高いテーゼへの発展の契機を含む豊かなテーゼないしは論理構成になっている、というのが著者の評価である。

いわば、本格的な哲学的思考訓練が、文章の基礎にある。

ところが、学生達は、まさに右の点でつまづく。そのつまづき方を見ていると、学生達の理解のパターンが、常に「正」か「誤」か、という枠組みにしばられていることが分かってきた。

考えてみれば、彼等は、大学に来るまで、「正解」か「誤解」かしか考えなくてよい、そういう知的世界の中で育ってきた。入学試験とはまさにそのような知的世界の終着点だったのであり、あらゆる「誤解」を排して、「正解」にたどりつき、「正答」をものにした若者達が、私ども大学教師の前に現れるわけである。

彼等は、すべての問いにそれぞれただ一つの「正答」しかない、と考えている。その「正答」以外のことは、「誤答」であると見る。

こういう理解のパターンにとって、アンチ・テーゼを含み込んだテーゼなどというものほど分かりずらいものはない。学生達と体当たりのつもりで取り組んでいくうちに、著者はこうした彼等の認識パターンの問題性に、幾度となくぶつかってきた。

それは、ある意味で最も反学問的な理解のパターンなのである。とくに人文、社会科学にとって、いわばすべての命題は、それ自体として一つの仮説にすぎない。だからこそ論争や論究といった手続きが不可欠のものだったはずだ。しかし仮説は仮説なるが故に無意味なのではなく、それらがより真なる命題への道を示しているがゆえにこそ、この上なく大切なものなのだ――そういったことを、一人の著者の論述を「読む」という訓練を通じて、とにかく体得してもらうこと、そのことに苦闘せざるを得なかった。

「学び問う」スタイルの問題

「読み」「書き」の能力が驚くほどに落ちている、という現象は、近年の大学教育現場ではむしろきまり文句のように話題化されていることである。

だが著者の観察から言えば、その現象をもたらす原因は、決して単なる受験勉強的学習姿勢といったものだけではない。むしろ深刻なのは、先にあげた②の問題、すなわち、学生達が概念やコトバと具体的な事物・経験・感情・情念等々を生き生きとつなぐ能力を失っている、という問題のほうがより深刻である。つまり単なる「読み下手」「書き下手」といった技術的能力の問題ではなく、彼等が事柄を「学び問う」姿勢の深淵から起きてきているように思う。このように見ると、むしろ厳しい受験競争を経てきたいわゆる「高偏差値型」の学生の側に、より深刻な問題が潜んでいるのではないかと思われるのである。

著者は専門柄、教育史に関する専門ゼミナールをたびたび担当する。一つのテーマをめぐって長い間学生達とつき合ってみると、大学による学生の「学び問い方」の違いといったものにつきあたる。

たとえば、東大でゼミナールをやると、その流れは一見きわめて整然と進行する。

ある事柄について研究するという方針がきまった場合、その先行研究の検討というのをかなり徹底的にやる。そのあと、問題点を整理し、今後のゼミの研究の柱を幾つか立てる。実際、柱はすぐ立つ。しかるのち、その柱をこなす順序をきめ、その順序に沿って研究発表を積み重ね、学年末には、発表を踏まえた総括討論をやり、そこで一定の結論と残された問題を確認する。こうしたゼミ運営が比較的容易にできる。ハメを外した発言や暴走的研究もほとんどなく、ゼミは整然と進行する。整理と整序が特徴であり、ともかくも結論は明確に出される傾向があり、しかもスピードが早い。

しかし、著者の体験では、立教のゼミではなかなかこうは行かなかった。先行研究の検討というところまでは同じように進んでも、そのあとの、研究の柱を立てるというあたりからかなりモタモタがつづく。教師のほうとしては、相当辛棒づよく「待ち」の姿勢をとらなければならない。迷いに迷い、フラフラと揺れる討論をじっと聞いているわけだが、いったんそこをつきぬけると、東大型のゼミと異なる展開を見せることがある。

歴史を問う感覚

ある年、立教の大学院ゼミで「近代日本の教師と教師論」というテーマを立ててみた。先行研究を検討してみると、これまで日本の教師（とくに小学校教師）について書かれた歴史や研究では、ほぼ次のような通説的理解が出されている。

(1) 明治以降、日本の小学校教師は国家の設計する学校体系の中に位置づけられ、閉鎖的な師範教育を通じて育成され、国家機構の末端に位置づけられた。

(2) 教則（現在の学習指導要領に当たるもの）の官製化、教科書の国定化等を通じて教師達はみずからの「教育の自由」を次々に奪われていった。

(3) しかも俸給生活者としての彼らは、地方財政の貧困の中できわめて貧しい位置に置かれた。

(4) これらに対する抵抗の運動もあったが、国家は次々に治安立法をくり返し、教師達は「市民的自由」すら奪われていった。

ここまで「整理」できたら、もし東大のゼミならば、研究課題は次のように立つだろう。

(1) 教職の国家機構化はどのように進んだか。

(2) 「教育の自由」への抑圧はなぜ、どのように進められたか。

(3) 教師はどのように貧乏だったたか。

(4) 教師の「市民的自由」はいかに奪われ、どのような抵抗運動があったか、等々。

あとはさっさと〝研究〟が進む、というようになっていくのではあるまいか。

だが、立教で実際にやったとき、なかなかそうは行かなかった。彼等は、先の(1)〜(4)のような論断がもう一つ納得できない模様であり、とっくり返しおっくり返して論議し、そうした判断の基礎に使われている資料を読み返したりしていた。そこのところをじっと我慢して待っていると、やがて彼等の中から次のように言い出す者がでてきた。

「(1)〜(4)のようなことは、マチガイではないかもしれない。しかし、たとえば、こうした動きが最も完成したと言われる明治の終わりごろ、日本に約十三万人の教師がいた。その十三万人の教師達は、毎日学校に行って子どもたちを教えていたわけだけれど、その人達は、毎日毎日、『ああ、おれ達は国家権力の末端に置かれ、教育の自由もなく、市民的自由も失い、おまけに貧乏だ』と考えて学校へ通っていたのだろうか。そういう気持ちで子どもを教えていたのだろうか」。

こういうふうに言ってみたあと、今度は著者に「先生、いったい人間はそういう思いで教師を続けるということができるものなのでしょうか。彼等には何か生きがいといったものはなかったのでしょうか」と問いかける。

これは、ある意味で厳しい質問である。先の発言やこの問いの背後には、少なくとも歴史認識の方法として、きわめて重大な意味を持つ発見があり、先にあげた「通説」の根本を脅かすような問題提起があるといってよい。先にあげた諸点を歴史的に「解明」してきた研究者達も、日本の近代教師の側に立ってとくに国家権力との関わりの中で、教育権を軸として小学校教師の歴史像を作ってきた。そのことは確かである。しかしその「成果」をそのまま引きつぎ、それをやや詳しくしたような「学習」をもって自分達の学問研究そのものと解していく姿勢からは、右のような発言や疑問は生まれない。

右の発言をし、私に「果たしてそれで教師をやることができたのでしょうか」と問うた学生達は、歴史上の過去の出来事を自分自身の具体的問題として引きつけ、その過去を追体験するという大切な感覚を失わないでいるのだと著者は考える。歴史に関する主体的想像力を保っている、と言ってもよい。そうした想像力にもとづく追体験の上で、果たして生身の自分ならどのようにそうした状況に対応していけるだろうか、と考えているのである。「歴史を学ぶ」という仕事で最も大切なのは、この出発点であり、歴史研究専門家による創造的開拓のきっかけも、こうした感覚や想像力によるものだったのではないだろうか。整然と柱を立て、先行研究のちょっと先を耕してみるという学習は、むしろ官僚型の学問方法だと言えよう。それでもたしかに量的進歩は生まれるものの、創造的探究は生まれにくい。

東大を退官した大内力氏(名誉教授。当時信州大学教授)は、東大生の読み書き能力が低く、学問研究に問題意識がなくなったことを痛嘆して「果たして日本の学問に未来はあるか」と問い、マスコミもこれに注目した。大内氏の嘆きには、少なくとも私の経験した東大型の学習方法を見ているかぎり、かなり共感できる。それだけに、「高偏差値型秀才」達の陥っている学問意識の内的構造とその由来とをはっきりと見定める責務が、私ども教師にはあると思う。

自分自身の生身の経験・感覚・情念といったものと離れて、あるいはそれらを一応わきに置いて、彼等はひたすら「言葉」や「概念」をおぼえてきた。それらの「言葉」や「概念」の値打ちは、最終的には入試問題がきめてくれる。根本のところを他者によって方向づけられた学習プロセスに適応すること。そういう学習行動における最良の（適応）者達が、世に言う「高偏差値型秀才」の大部分を占めるといってよいだろう。

しかしここでもまた、原因は受験教育だけに帰せられるわけではあるまい。今の学生達の大部分が育ってきたのは一九五〇年代末から六〇年代にかけてである。日本社会の高度経済成長とそれによる日本人のウェイ・オブ・ライフの激変の中で、彼等は、遊びの機会、兄弟げんかの場、労働の経験等々を次々に奪われ、高度化する一方の学習内容を課され、クラブ活動の楽しみを禁欲して、育ってきた。「迷い」や「悩み」や「モタモタ」を切り捨てることこそ勉強の要諦だという教育文化が彼等をとりまいてきた。そのプロセスの頂点で彼等の見せる学問姿勢は、ある意味で私達大人への一つの決算書であるかもしれない。

なお、つけ加えておくと、先の発言にうながされて、立教のゼミでは次々に新しい文献資料が検討された。たとえば明治三〇年代に入って数種類の教師向け教育雑誌が創刊され市場性を持つようになったこと。それらの雑誌が記事を通じて切り込もうとしたのは、第一に教職内部での教師達の出世志向にどう答えるか、第二に教科教育や授業の改善をいかに進めるか、第三に待遇の改善運動をいかに進めるか、の三つであったこと。そういう記事を迎える教師層が確実に増える一方で、にもかかわらず一部の教師達の間に社会主義思想への具体的接近があったこと。こうした史実や資料が次々に見えてきた。著者は彼等を励ましてこの研究をまとめさせ、教育史関係全国の学会大会で共同発表をしたのだったが、多くの会員から清新な研究だとして賞讃を受けることができた。

冒頭にあげた③の、「他者との共感の能力の欠如」の問題についてふれることができないままに、紙数が尽きてしまった。

おわりに

かぎられた経験の中から、具体的に大学名をあげて書き記してきたが、著者の真意は、もとよりこれらの大学の学生達を非難することにあるのではない。全くその逆に、学生達を具体的に「見る」という〝実践〟を通して、今後の大学教育改革への手がかりをつかみたいためであり、また今後、大学教育実践研究という仕事——今日本の大学ではそれが求められている——に自分なりの〝参加〟をしたいためである。

このことを前提に、次の二つのことをつけ加えたいと思う。

一つは、とくに高校教育に当たっておられる先生方にお願いしたいことであるが、生徒達の「読む力」と「書く力」を大いに伸ばすような機会を増やしていただけないか。国語科だけの問題としてでなく、社会科、理科等々の教科を通じて、本や文章を真に「読み込む」という機会を広げ、また、自分自身の文章を書く訓練の機会を準備していただけないか。具体的経験・事物・生活実感と「コトバ」「概念」とを真の意味でつなぐ「書き方」教育法として、たとえば日本には生活綴方的教育方法といった歴史遺産もある。それは初等教育の場で戦前から築き上げられてきた方法であるが、高校教育の場にも広められてよい時期になっているのではあるまいか。「読み」についても、じっくりと時間をかけ、いろいろな場で力をつけていただけたらと思う。

第二に、これは大学現場側の問題になるが、学生達の学問姿勢や学習のかまえについての危機感は、すでに多くの大学教師達の間に広まっている。そして事態をただ否定的・悲観的に見るのではなく、彼等の持っている可能性に働きかけ、「学問の志」を回復させるための努力が各地の大学・諸種の専門分野で起きている。その状況についてはたとえば拙編『大学教育』（講座「日本の学力」別巻一、日本標準、一九七九年）など参照されたい。こうした諸努力と高校側の努力とがどこかで結び合わさること――そういう動きの中でしか、問題は解決されないであろうと思う。

「学問の志」を空洞化させられた大学生達が増えること――それはたとえば入試問題漏洩などよりははるかに深刻な「大学問題」なのである。

（『文研ジャーナル』一九八〇年六月）

4　ふたたび大学生の「学力」について
――新入生達の〝知性〟のこわばりと固さ――

新入生達の〝固さ〟

『文研ジャーナル』の六月号で、「大学生の『学力』について」という小文を書いた(本章前節)。

個人的経験の中で考えるかぎり、学生達の「学力低下」の中味は「学生達が概念やコトバと具体的な事物・経験・感情・情念等とを生き生きとつなぐ能力を失っている点にあるのではないか」というのが、小文の趣旨であった。

あの小文に対して、三、四人の教育学研究の仲間から感想をもらった。たとえばゼミナールの具体的状況を記した部分が大変印象的だった、というハガキを山住正己氏(東京都立大学・当時)が寄せてくださったし、名古屋大学(当時)の堀内守氏からは、「これからの大学論はああいう視点から考えねばならなくなったかと思わず感懐にふけった」という便りを寄せられた。著者は改めて、「学生達の『学問』の志が深いところで立ち枯れている」という危機感が自分一人のものではなく、多くの大学教師に共通のものであることに気付かされた。

厳しい選抜を得たはずのいわゆる「高偏差値型秀才」達の中にかえって「知性のこわばり」とも言うべき学習態度と「正答」を求める姿勢が強いのではないかと著者は記した。そのような学習の姿勢が、必ずしも旧帝大の学生達に限らず、それら以外の大学の新入生にも顕著に見られる、ということを記しておられるのは、教育学者の横須賀薫氏（現・宮城教育大学学長）である。

氏は、一九七五年執筆の論文の中で指摘する。

「合同ゼミをやっていて、いちばん感じることは、一年生たちの思考方法の短絡ということである。私たちの発する問いに、すぐに自分の頭のなかだけで「正解」をまさぐるのである。答えらしきものがみつかれば答えるが、すこしあやしいと、もう沈黙である。それで、ゼミの最初は『○○です』というしごくかんたんな答えと沈黙しかないのである。

だされた問いに、自分の頭のなかでだけ「正解」をさぐり、それをかんたんなことばで表現して答える。わからなければ答えない、というのは入試における思考方法の典型的なパターンである。

そこには、問い自体を疑ってみることも、自分はこう考えるけれど、ほかの人はどうなのだろうかという相互関係も、それに答えるためにはこういうことを調べてみなければ、という手続きも失われてしまっている。世の中に真理はただひとつ、その発見に努力せよなどという徳目的道徳教育と入試準備とのおかげで、生活自体は入試を終わっていても、思考方法では、それをぬけだせないのである」（横須賀『教師養成教育の探究』評論社、一二九頁）。

「世の中に真理はただひとつ」という感覚は、氏が他の個所で指摘しているように、決して単なる受験準備教育だけによって作られたものではない。小・中・高を通じて行われている授業全体の質が、いわば「入試準備的」な構造になってしまっていることによるのであろう。

失敗、つまづき、試行錯誤といったことのくり返しの中で人は真理に接近するのだ、という思いを——いわば学問研究の原体験とも言うべきものを——彼等は持つことなく大学に来てしまったのである。それは、本質的に自由さを欠いた学習体験だったのである。

右の文章の冒頭にふれられている「合同ゼミ」というのは、三人の教官が合同で担当する一般教育ゼミであり、著者も一度そのゼミを参観させてもらったことがある。その際の見聞からも、学生達の「受験学力」に対して揺さぶりをかけ、こわばりをときほぐすことが大学教育への前提としてどのように重要なものであるか、はっきりと分かった(この時の見聞については「一般教育の状況と課題」『短期大学教育』第三一号、一九七三年一一月、に記した)。

学習場面での〝迷い〟

不自由な固い姿勢の学習態度を持つ学生が、大学の「自由な」カリキュラムと教育の中に身を置くと、彼等は迷い始める。その迷いは、おそらく二重のものである。

一つは、まず何を学んでよいか分からないという悩みである。

多くの大学では、一〇年前の大学紛争後、カリキュラムの構造がきわめて自由《リベラル》になった。必修科目の数が減り、選択科目や自由科目(学部・学年の別なく選択できるようないわば全学共通科目)が増えた。履修の順序や学年指定なども外される傾向がある。自分の学習を自分でデザインすることができるカリキュラムが増えているのであり、大学の側もそれを求める。

ところが、突然この「自由」の中に置かれた彼等は、全く戸惑ってしまう。これまで自分の学習を自分でデザインする、などという経験が全くなかったからである。

二つは、もし仮りに何とか科目履修のデザインを作って学習を進めてゆこうとしたとする。その場合もただひたすら講義に出席し、まじめにノートをとり、要するに受験学習的な勉強がそのまま継続される。ゼミなどでも一応発表らしきことをやるが、それも先行研究や既存データのつなぎ合わせでやっとくぐり抜ける、といった状態で四年間を過ごすことになる。こうした学習でも一応卒業単位を満たすことはできる。だが、彼ないし彼女は、ついに入学当時の「受験学力的学力」をうちこわすことができない。

著者のいた立教大学文学部は、大学「紛争」後、徹底的なカリキュラム自由化に踏み切った学部であった。教養課程と専門課程の間の仕切り（一般教育の単位が少ないから進学させないといった制度）もないし、専門教育科目を二年生から履修してもよい。要するに四学年間ほとんど一体のカリキュラムが組まれ、学生の自由な学習が許される。

このようなカリキュラムで勉強することになった著者のゼミナールの一女子学生は、卒業間際に、左のように悩みを語っている。

「これまで広いところで暮らしたことのなかった子どもを広い部屋につれていくと、よろこんで跳ね回るのでなく、オロオロしてしまうという。大学へ入った時の私が全くそうであった。自由な履修制度、何を学ぶことも許される状態。私はまずオロオロとしてしまった」。

都立高校をまずまずの成績で通して、浪人も免れて入学したこの学生の第一歩はこうして始まる。そしてようやく履修科目が決まり講義にのぞむと次のようになる。

「講義にまじめに出て、どうにか勉強をはじめた私に次にふりかかってきたのは、レポートの恐怖であった。大学の講義は、高校の講義と違って、教授の主観性が強く打ち出される。たとえば歴史の講義にしても、一年間で万遍なく通史をやるといったことは余りない。ある時期を限って深く突っ込むこともあれば、一つのテーマに限って一年間話されることもある。そうしたことの背後には教授の主観が強くある。そして学年末になると、『〇〇について君の見解を述べよ』といった題のレポートが課される。この『君の見解を述べよ』という部分ほど私を悩ましたものはなかった。何を書けばいいのか。ギッシリとうまった自分のノートと、真っ白なレポート用紙を前にして、何度ため息をついたか知れない」（木村明子「大学生活が与えたもの」『婦人の友』一九七九年二月号）

教員の学問的関心や方法のことを「主観性」と表現していることが、大変注目される。関心や興味や問題意識は、彼女達にとっては誰かの「主観」だと映るのであり、それは自分達のやってきた「客観」の世界と違うものだ、と見えるのである。何が重要かという根本のところを他者によって決められ、その羅列と集積とを客観的知識であり正当な学習だと思わされてきた。その知的世界の特色がはっきりあらわれている。

この学生が立ち直ったのは、彼女にとっての最後の難関、卒業論文であった。その題を決める時、最初彼女は、「日本における児童観の歴史」といった題を持ってきた。それは三年生のゼミで彼女がわりあてられ一応そつなくこなしたテーマであった。ところが、もともと「外来の」テーマであったこの研究はすぐに行き詰まる。「言葉だけが私の中で空転し、児童観、児童観といいながら、最初の三カ月を過ごしてしまった。本も読み漁った」。ようやく夏休みに入って、やがてふと読んだ野上弥生子氏の自伝的小説『森』の一部が彼女の「主観」に響いた、と言う。その一部の叙述に知的興味をかき立てられた彼女は、夏休みの集中合宿を経て、秋口から「明治女学校の研究」というテーマに打ち込み始めた。明治中期に東京に作られ、キリスト教思想家厳本善治によって指導され、野上氏もそこを卒業した異色の私立女学校の歴史である。「なぜ？　どうして？　このように問うていくことの面白さが私にはじめて分かってきた。疑問は次々に湧き、それを解いてゆくことの面白さをはじめて知った」。

それでもなお、他人から後指《うしろゆび》をさされないような研究をせねば、という優等生的な配慮が絶えず働いていたらしいことは、毎週卒論指導ゼミをしていた著者にも分かった。文献や資料を教えるといった通常の指導のほかに、絶えず言いきかせたのは、「君の明治女学校でよい」ということだけであった。とにかく、まずまずの卒論を、彼女の言う「主観」を通して書き上げ、学問というのは何よりも「自分」を出すことなのだ、と考えてこの学生は卒業していった。

雑誌『婦人の友』に頼まれてこの学生が書いた記録を、明治大学の別府昭郎氏は、三年四年生の「教育原理」の開講の時、学生達にコピーして討議することにしておられるそうである。学生達が一様に共感するのは、「ギッシリとうまった自分のノートと、真っ白なレポート用紙を前にして何度ため息をついたかしれない」というくだりであると言う。

大学教育実践への取り組み

学習の過程の中で「自分」を見出すことができない、という悩みは、現代風の言い方をすると、学生達がアイデンティティーを確立し得ていない、という問題だと言ってもよい。問題をそのように広げれば、ことは学生だけではなく、むしろ日本の青年の問題そのものだと言える。また、学生達の「学力」の問題と言うよりは、むしろ彼等の人格構造全体に関わる問題であろう。

だが、ここではあくまで「学力」の問題にしぼって考えることにしよう。

彼等が、横須賀薫氏の言葉をかりれば、「すぐ正解をまさぐり」、「問い自体を疑ってみること」をせず、「他の人はどうなのだろうか」と思考の相互関係を見つけることに失敗し、研究の「手続き」も見失うという状態に陥っていることは、何も教育学者だけの心配事ではない。他のいろいろな専門分野の大学教師にも、広く大学問題の重要課題として考えられてきているのである。

著者の見聞で言えば、この問題を最も早く集団として取り上げてきたのは、おそらく日本教職員組合の大学部の研究集会ではあるまいか。また日本高等学校教職員組合と共催の全国教育研究集会の大学教育分科会でも、かなり早くから学生の学力の問題が中心論題の一つとなっていた。例えば、著者が傍聴した一九七三年の和歌山での教研集会では、一般教育の総合科目として「現代社会と人間」といったテーマを組んだ実践例の報告の中で、学生達の憲法感覚や人権意識のありようが問題になると同時に、たとえば彼等のノートをとる力がひどく落ちている、という実態が切実に報告されていた。

一昨年あたりから、全国教研や大学部教研では、大学における授業のあり方、研究と教育の問題がいよいよ切実に、かつ、こまかく論議されている。工学部の学生達が集団でやる実験をなかなかやれなくなっているのはなぜか、フラスコや試験管などの器具の扱い方がおそろしく無器用になり、かつ破損しても別に何とも思わなくなっているらしいが、どうしたことか、といった学習第一歩の問題の中に、今の学生が陥らされている学力実態の問題点を見つける教師達が増えている。これらの実態をいかに見つめ、それをいかに解決していくかが、絶えず問われているのである。昨年、東京で行われた大学部教研では、「古典」を読もうとしない学生達に、『資本論』への導きをどのように行うかという演習の報告も行われた。

日教組以外の機関、場所でも、大学の教育活動への着目が進んでいるようである。

広島大学に設けられている大学教育研究センターは、大学教育、学生問題について幾つかの地味な研究調査報告を発表しているが、今秋行われる研究員集会のテーマとして「大学における教育実践のあり方」を中心とするものが予定されているという。また民主教育協会という研究団体が発行している雑誌『IDE』は、最近号で大学の授業論を特集した。

大学制度はどうあればよいか、新構想大学か旧大学か、といったいわゆる「大学改革論」はひところ大学問題の中心論題であった。今もそのような問題が消えたわけではない。

しかし七〇年代を過ぎた今、大学論は、そのようなレベルでだけ発想したのでは片付かないところまで来ているというのが実態であろう。大学の研究・教育・学習の中味そのものに分け入り、それらの研究・教育・学習の主体である教師・学生のあり方に具体的に目を向け、さらにこれまでよりずっと細かなレベルにまで大学内部制度のあり方を考察する必要に、今私どもは迫られていると思う。

実践の教えるもの

また、著者自身のことになるが、昨年思わぬ機会に、ある講座の別巻の編集にたずさわることになり、その巻の中に、全国各地で大学教育実践にたずさわっておられる各専門領域の大学教師の方々の「実践記録」を寄稿していただくことができた。(講座『日本の学力』別巻1「大学教育」、日本標準、一九七九年)

法学教育については立命館大学の乾昭三氏、農学教育は岩手大学の石川武男、吉田栄一氏、工学教育は京都大学の川野豊氏、医学教育は大阪大学の中川米造氏、歴史教育は東京都立大学の佐々木隆爾氏、教育学教育は宮城教育大学の武田忠氏、短期大学での保育者の養成については青山学院女子短期大学の林三平氏がそれぞれ力のこもった実践報告を寄せてくださった。

このうち、林三平氏はこの書が刊行されて三カ月後に故人となられ、特に感慨深いものがある。それにしても、このような書――つまり教育関係の講座書で、その読者はほとんど小・中・高の教師か学生かにかぎられていると見られる講座の一巻に、「大学教育」をテーマとする巻が企画されたこと、そしてその企画に対して、このように多くの専門領域の方々が、喜んで大学教育実践の報告を書き寄せてくださったこと、この二つの事実の意味は大きいと思う。

すなわち、一つには大学教育の状況がすでに大学だけの問題として考えたのでは片付かない問題であり、小・中・高教育全体の、いわば日本の教育全体の一環として捉え考えなければならなくなっている、ということの端的な反映なのだということである。そして二つには、実践記録の執筆を要望されたこれらの方々が、すでにこれまでそれぞれの職場、領域で真剣な努力をつみ重ねてこられたこと、言い換えれば教育実践の蓄積というものが、大学の現場にも行われつつあることの証《あかし》であったと言えるのである。

この書の記録の中で、たとえば歴史学（日本近・現代史）教育の問題について佐々木隆爾氏は次のように書かれている。

「教員は、従来しばしば行われてきたような、研究者としての仕事をそのまま講義するというスタイルにとどまるべきではなく、学生の要求（それは多かれ少なかれ現代の生活人の要求でもある）をくみ上げて研究領域やテーマを拡大し、あるいは編成しなおすだけの勇気と誠実さを持たなければならない。それは学生に対し知的喚起力を発揮するはずであり、学生の側は生産的な批判でこたえてくれるに違いない。研究教育のこのような循環の過程の焦点に成立するのがとりもなおさず、専門教育としての歴史学なのだと思う」（同書、八三〇頁）。

以下講義、演習などの詳細についてご自身の実践の記録――とくに教材やテーマ編成の歴史を語っておられるが、その努力の中心焦点は、専門研究者としての自己あるいは学界での研究の水準を学生の率直な批判の前にさらすという作業をどのように進めるか、また、そのような批判主体としての学生を、旧来の史学教育方法のしがらみを批判しつつどのように育てていくかという点に置かれている。

工学教育の川野豊氏は、「学問に渇えない学生と、教育者としての自覚に乏しい教官」との間には、工学のように複雑な学問体系を共に研究してゆこうとする熱い雰囲気はとても醸成されない、と憂慮しつつ、しかもなお、工学の独自性（「物」を「作る」という〝技〟に関わる学問であること）に即した教育の実践例を多くかかげられた。そして、工学教育の分野ですぐれた実践を挙げている教師達には次のような共通性がある、と指摘される。

「まず教師は学究的であり、得意分野を有し、たえず独創力を洗練するタイプであることである。次に、綿密な準備の上、明確な目的へとわかりやすく学生に論を展開する努力を惜しまず、しかも学問の総合性の意義を理解させる工夫の重要性が認識されていることであろう。さらに、学生への愛情、信頼は当然のこととして、きびしい学問や技術指導を通じてのスキンシップの有効性も忘れられていない。また自主ゼミや自主実験が歓迎されることもこれらの実践報告は教えている」（同書、二九六頁）。

こうした提言や感想それ自体が、「学生」と「学問」とをいかにつなぐか、そのために、大学教師の側にどのような「学生を見る眼」と「学問への絶えざる省察」とが必要であるかを考えた、いわば実践的提言であると思う。

こわばり、固まりながら大学へ入ってくる新入生達、入ってからも迷い、自己確立を遂げ得ない学生達――彼等の「学問の志」の回復は、いかにも難しい仕事であるには違いないが、しかし、今の大学が課されている最も重要な責務の一つであろう。

学生を論じるつもりで入ったこの文章も最後は大学教育論となってしまった。論旨のずれをおわびしつつ、小文が中学校・高等学校現場の先生方へも何らかの参考になればと願っている。

（『文研ジャーナル』一九八〇年八月）

〈コラム〉「評価する側」の悩み

「試験される」側から「試験する」側に移って三五年になる。最後の試験は博士学位論文の口頭試問だった。あのころまでは、「する」側つまり評価者側にまわったら、さぞのんびりするだろうと思っていたが、大変な思い違いだった。専攻は教育学・教育史だが、一般に人文社会科学の分野の「評価」は、絶えざる悩みを生む。

言うまでもなく、評価には、設定した尺度や標準、いやそもそも目的が必要である。ところがそれらの設定は難しい。哲学がからむからである。

学士課程（学部）の学生達に、ある科目の期末レポートを出させたとする。仮りに一〇〇通のペーパーを読むと、次のような問題がたちまち浮かぶ。

(1) 絶対評価方式で行くか、相対評価方式で行くか。

(2) 理解した知識の正確さや量を見るか、問題意識や課題意識を評価するか。

(3) 講義の理解度を重視するか、思考の論理性や文章力も勘案するか。

どの点も大事だと言えばそれまでだが、決断は複雑なものになる。

(1)については、大学教師は二手に分かれる。「単位を取りたいのならここまで分かっていなければならない」と考える人は、絶対評価で行く。「Aをやれる者など一人か二人ですよ」ということになる。法学などこの例が多いかもしれない。その領域について学生と格段の差があるのだから、ある意味で最も楽な行き方である。だが、「少なくとも一五人ぐらいはAを出したい」といった思いにとらえられると、相対評価に移行せざるを得なくなる。加えて「うちの学生の中ではBだが、講師で教えている別の大学のクラスだとCだ」といった「大学間相対評価」の視点まで入れると、さらに厄介である。

⑵と⑶には、能力に関する哲学がからむ。講義を聴いた結果、鋭い問題意識や新鮮な課題意識を持つことになった場合は、やはり高く評価したい。だが知的到達度も欲しい。理解力は重要だが、一般的な思考力や文章表現力も見たい。理解したことを他者に納得させられるプレゼンテーションの力も不可欠だ、などと考えると、秤は揺れてくる。

学生がとみに多くなってきた大学院となると、別の問題もからむ。私の見るところ、現在の修士論文の水準は、一九六五年以前までの卒業論文程度あるいはそれ以下である。評価尺度を、それこそ歴史的に変えなければならない。「研究者として自立できているか」を測ることになっている博士論文では、果たしてこの筆者は将来にわたって優秀な研究を続けられるか否かという推測評価も求められる。評価されるのは、評価者の側である。

「人事試験」などをされる方々も、きっと同じような悩みを抱えておられるに違いない。

（『人事試験研究』一七八号、二〇〇一年三月）

初出一覧

I　教養教育の課題

1　授業改革の方略と実践

二〇〇一年度日本大学文理学部人文科学研究所共同研究成果報告書『大学における授業の改善と支援体制の構築に関する研究』二〇〇二年三月刊

2　「低年次教育」考――九州大学の学生諸君と語る――

新谷恭明・折田悦郎編『試行授業「大学とは何か―ともに考える」の記録』(平成12年度九州大学教育研究プログラム・研究拠点形成プロジェクト(C)、九州大学史料室刊、二〇〇〇年三月)

〔付〕再び低年次教育を考える

新谷・折田編『低年次教育における九州大学史カリキュラム開発に関する研究』(平成10～12年度九州大学教育研究プログラム・研究拠点形成プロジェクト(C)、九州大学史料室刊、二〇〇一年三月)

II　歴史の中で大学の今を考える

〈1〉改革課題

1　日本の大学――歴史と改革課題――

岩波講座　現代の教育10『変貌する高等教育』一九九八年一〇月刊

2　短期大学のこれからを考える――その歴史と精神を通して――

桜の聖母短期大学『人間学研究所所報』VOL・9、二〇〇一年三月

〔コラム〕女子大学創設一〇〇年に思う――個性化・生涯学習で道を――

『読売新聞』二〇〇〇年一〇月二四日号

3 「学部」再考――大東文化大学環境創造学部の発足に臨席して――

大東文化大学環境創造学会『環境創造』創刊号、二〇〇一年一〇月三一日

〈2〉基準とアカデミック・フリーダム

4 戦後大学と「基準」

『IDE』一九九九年一一・一二月号

5 大学のオートノミーと大学評価

日本教育学会第五九回大会報告(『教育学研究』第六八巻第一号、二〇〇一年三月刊所収)

〔コラム〕大学を見る「目」

東海高等教育研究所『大学と教育』二八号、二〇〇〇年九月

6 アカデミック・フリーダム・FD・大学審議会答申

『大学教育学会誌』二一巻二号、一九九九年一一月刊(原題「アカデミック・フリーダムと大学審議会答申」)

〔コラム〕国立大学の「独立行政法人化」問題雑感

日本教育史研究会『日本教育史往来』一二五号、二〇〇〇年四月三〇日刊

〈3〉大学文書館と大学史研究

7 大学アーカイブスと大学改革――回想・状況・意義――

明治大学大学史料委員会『紫紺の歴程 大学史紀要』(第5号、二〇〇一年三月刊)

8 大学の年史を作る――見直されるべき意義と効用――

日本私立大学連盟『大学時報』二〇〇一年二月

9 一つの大学の美しい記録――『武蔵野美術大学六〇年史』への招待――

武蔵野美術大学公刊冊子、初版は一九九二年三月刊

〔付〕大学の歩みと同窓会・校友会

日本私立大学連盟『大学時報』一九九七年三月刊

III　大学教育の現場から

1　教師教育・教職課程の教育と大学改革――教職課程担当教員の立場から――

『日本教師教育学会年報』三号、一九九四年六月刊

2　学生諸君に「レポートの書き方」を教えて

立教大学『教職研究』一一号、二〇〇〇年三月刊

3　大学生の「学力」について――立ち枯れつつある「ものを学ぶ」能力――

『文研ジャーナル』一九八〇年八月刊

4　ふたたび大学生の「学力」について――新入生たちの〝知性〟のこわばりと固さ――

『文研ジャーナル』一九八〇年八月刊

〔コラム〕「評価する側」の悩み

㈶日本人事試験研究センター『人事試験研究』一七八号、二〇〇一年三月刊

【ラ行】

【ワ行】

【サ行】

事 項 索 引

【ア行】

【カ行】

人名索引

著者略歴

寺﨑昌男（てらさき　まさお）

1932年福岡県に生まれる。1964年東京大学大学院教育学研究科修了。教育学博士。財団法人野間研究所所員、立教大学文学部、東京大学教育学部、立教大学学校・社会教育講座各教授を経て、1998年4月より桜美林大学大学院教授、大学教育研究所所長。東京大学名誉教授。東京大学時代に附属中・高校長、教育学部長を、立教大学時代に全学共通カリキュラム運営センター部長を歴任。日本教育学会会長・日本学術会議会員。

〔主要著書〕『大学教育』（共著、東京大学出版会、1996年）、『日本における大学自治制度の成立』（評論社、1979年）、『プロムナード東京大学史』（東京大学出版会、1992年）、『大学の自己変革とオートノミー――点検から創造へ――』（東信堂、1998年）、『大学教育の創造――歴史・システム・カリキュラム――』（東信堂、1999年）など。

大学教育の可能性――教養教育・評価・実践――

2002年9月10日　初　版第1刷発行　〔検印省略〕

本体価格はカバーに表示してあります。

著者©寺﨑昌男／発行者 下田勝司　印刷／製本　中央精版印刷

東京都文京区向丘1-20-6　郵便振替00110-6-37828
〒113-0023　TEL（03）3818-5521　FAX（03）3818-5514

発行所 株式会社 東信堂

Published by TOSHINDO PUBLISHING CO., LTD.
1-20-6, Mukougaoka, Bunkyo-ku, Tokyo, 113-0023, Japan
E-mail：tk203444@fsinet.or.jp

ISBN4-88713-456-8 C3037 ¥2500E

東信堂

比較・国際教育学〔補正版〕	石附実編	三五〇〇円
日本の対外教育—国際化と留学生教育	石附実	二〇〇〇円
比較教育学の理論と方法	J・シュリーバー編著 馬越徹・今井重孝監訳	二八〇〇円
世界の教育改革—21世紀への架ケ橋	佐藤三郎編	三六〇〇円
〔現代アメリカ教育1巻〕教育は「国家」を救えるか—質・均等・選択の自由	今村令子	三五〇〇円
〔現代アメリカ教育2巻〕永遠の「双子の目標」—多文化共生の社会と教育	今村令子	二八〇〇円
ドイツの教育	天野正治・結城忠・別府昭郎編	四六〇〇円
21世紀を展望するフランス教育改革—一九八九年教育基本法の論理と展開	小林順子編	八六四〇円
フランス保育制度史研究—初等教育としての保育の論理構造	藤井穂高	七六〇〇円
変革期ベトナムの大学	D・スローパー／レ・タク・カン編 大塚豊監訳	三八〇〇円
フィリピンの公教育と宗教—成立と展開過程	市川誠	五六〇〇円
国際化時代日本の教育と文化	沼田裕之	二四〇〇円
ホームスクールの時代—学校へ行かない選択：アメリカの実践	M・メイベリー／J・ノウルズ他 秦明夫・山田達雄監訳	二〇〇〇円
社会主義中国における少数民族教育—「民族平等」理念の展開	小川佳万	四六〇〇円
東南アジア諸国の国民統合と教育—多民族社会における葛藤	村田翼夫編	四四〇〇円
ボストン公共放送局と市民教育—マサチューセッツ州産業エリートと大学の連携	赤堀正宜	四七〇〇円
現代英国の宗教教育と人格教育(PSE)	柴沼晶子・新井浅浩編	五二〇〇円
現代の教育社会学—教育の危機のなかで	能谷一乗	二五〇〇円
子どもの言語とコミュニケーションの指導	D・バーンスタイン他編 池・内山・緒方訳	二八〇〇円
教育評価史研究—教育実践における評価論の系譜	天野正輝	四〇七八円
日本の女性と産業教育—近代産業社会における女性の役割	三好信浩	二八〇〇円

〒113-0023 東京都文京区向丘1—20—6 ☎03(3818)5521 FAX 03(3818)5514 振替 00110-6-37828

※税別価格で表示してあります。